AFFAIRE DU CARLO-ALBERTO.

MÉMOIRE

Présenté à la Cour Royale de Lyon

(CHAMBRE DES MISES EN ACCUSATION)

POUR

M. ANTOINE DEFERRARI,

Subrécargue ou Directeur du CARLO-ALBERTO, navire sarde,

Sarde lui-même,

Se plaignant d'avoir été arrêté illégalement.

« Le malheur a je ne sais quoi de sacré qui, au milieu même des plus sanglantes hostilités, commande le respect et inspire cette douce et salutaire commisération que la Providence a gravée dans le cœur de l'homme pour modérer les passions haineuses, et pour être comme la sauvegarde de l'espèce humaine. »

(PORTALIS, *Rapport sur les Naufragés de Calais*.)

MARSEILLE,

IMPRIMERIE DE MARIUS OLIVE,

SUR LE COURS, N° 4.

1833.

MÉMOIRE

Présenté à la Cour Royale de Lyon

(CHAMBRE DES MISES EN ACCUSATION)

POUR

M. Antoine DEFERRARI,

Subrécargue ou Directeur du bateau à vapeur sarde Carlo-Alberto,

SARDE LUI-MÊME,

Se plaignant d'avoir été arrêté illégalement.

Messieurs,

Le bateau à vapeur sarde *Carlo-Alberto*, navigant sous le pavillon du roi de Sardaigne, a été arrêté par ordre des autorités françaises dans les eaux de *La Ciotat*, où il s'était présenté en état de relâche forcée.

Appelée à juger trop tard les graves questions qui se rattachent à ce fait, la Cour royale d'Aix, juste appréciatrice des circonstances qui en dépendent, a reconnu que cette arrestation avait eu lieu contre le droit des gens.

Son arrêt sur ce point est un monument d'indépendance et de sagesse qui ne peut manquer de l'honorer aux yeux du monde et de l'histoire.

S'élevant, autant qu'il appartient à l'homme, dans cette région calme et pure où n'atteignent point les orages de la terre, où aucun nuage ne voile la clarté du jour, elle a mis sous ses pieds toutes les influences politiques que les passions agitaient autour d'elle, pour proclamer librement les principes éternels sur lesquels se fonde le droit des nations.

Les doctrines qu'elle a professées à cette occasion ont trouvé de l'écho dans tous les cœurs généreux. Nul n'a osé les combattre de front : l'esprit de parti lui-même a été obligé de lui rendre hommage; seulement il s'est efforcé de se dédommager de cette concession en affirmant qu'il n'y avait pas lieu de faire l'application des maximes reconnues aux faits de la cause qui était à juger.

Cette exception présentée à la Cour de cassation par M. le procureur-général Dupin avec cette habileté qui lui est familière, environnée en outre de toutes les considérations générales qu'on invoque toujours en faveur d'une mesure de gouvernement, a ébranlé la conviction de la Cour suprême.

Les mots de *complot*, de *conspiration*, de *malveillance* ont été perpétuellement ramenés dans les débats de l'audience; et à force d'en entendre parler comme de choses certaines, on a fini par oublier qu'il n'existait à cet égard que de pures présomptions. On n'a plus considéré que les périls dont l'état avait été menacé, et l'on a été exposé à perdre de vue que, si la justice doit concourir avec l'administration à maintenir l'ordre public, le devoir des magistrats ne saurait aller jusqu'à approuver les actes arbitraires que peuvent commettre les agens de l'autorité.

« La haine de l'arbitraire, a dit Benjamin Constant, n'est l'opposi-
« tion à aucun gouvernement, car l'arbitraire lui-même n'est qu'une
« absence de gouvernement. Tout pouvoir arbitraire est une anarchie. »

On a donc vu avec surprise (pourquoi ne dirions-nous point notre pensée tout entière?) la Cour de cassation hésiter à sanctionner par son suffrage l'œuvre de la Cour royale d'Aix, et soumettre les questions sur lesquelles elle était intervenue à l'épreuve d'un nouvel examen judiciaire.

C'est maintenant à vous, Messieurs, qui composez la Chambre des mises en accusation de la Cour royale de Lyon, qu'il appartient de prononcer sur un procès qui divise deux Cours souveraines; et à votre décision s'attache un intérêt immense.

Si vous adoptez le sentiment des premiers juges, quelques navigateurs malheureux, détenus en prison depuis plus de cinq mois contre le droit des gens, seront rendus à la liberté, d'après la disposition de l'art. 2, § 3, de la loi du 30 juillet 1828, qui assure au prévenu le bénéfice de l'interprétation la plus favorable pour lui.

Mais là seulement ne doit point se borner l'influence de votre arrêt: il doit annoncer à l'Europe attentive si la France de 1830 a renoncé ou veut continuer à marcher toujours à la tête de la civilisation moderne.

Pénétrés de l'importance de la détermination que vous allez embrasser, vous accueillerez sans doute avec empressement les explications que le subrécargue du *Carlo-Alberto* s'est proposé de soumettre à votre consciencieux examen.

FAIT.

Le *Carlo-Alberto*, bateau à vapeur sarde, appartient à M. Ange-Georges Barchi, sujet sarde, négociant et vice-consul d'Angleterre à Gênes, qui s'en porta adjudicataire aux enchères publiques qui eurent lieu à Gênes le 31 octobre 1831, de l'autorité et devant le tribunal de la préfecture.

M. Barchi le fit inscrire au bureau de la matricule de la marine marchande de la direction de Gênes; il fut constaté dans cet acte que la patente de nationalité avait été délivrée le 2 décembre 1831

Ces faits sont établis par les pièces y relatives, délivrées en bonne et due forme, toutes légalisées par M. le consul-général de France à Gênes, et qui ont été produites par le propriétaire du bateau à vapeur devant la Cour royale d'Aix, à l'appui de la demande en revendication de son navire.

Le *Carlo-Alberto* faisait habituellement les voyages de Nice à Gênes, de Gênes à Livourne.

Parti de Gênes le 21 avril 1832, arrivé à Livourne le lendemain, une occasion lui fut offerte d'aller en Espagne.

M. Serra, courtier, commanditaire du bateau à Livourne, s'entremit pour le noliser à cet effet. La proposition était assez avantageuse : elle fut acceptée.

Le traité eût lieu, pour compte de M. le duc d'Almazan et de sa suite, au prix de 1,200 piastres, à la destination de Barcelonne; et par suite des arrangemens intervenus entre M. le duc d'Almazan et M. Serra, le nombre des passagers se trouva porté à quatorze, non compris Joseph Mazzarini, négociant à Gênes, où il servait de courtier à l'administration du bateau à vapeur, lequel fut porté sur le rôle d'équipage pendant la navigation de Gênes à Livourne, et continua à se trouver, dans le cours de l'autre voyage, dans une position particulière suffisamment expliquée par ses rapports avec l'administration du paquebot. A cela il faut joindre dix-neuf hommes d'équipage, parmi lesquels Georges Zahra, capitaine du navire; Antoine Deferrari, subrécargue ou directeur; François Brélaz, machiniste; et Jean-Baptiste Ratto, valet de chambre; et l'on aura le relevé exact des personnes qui devaient faire la traversée.

Le *Carlo-Alberto* partit le 24 avril de Livourne, après les portes fermées du côté de la mer, quatre passagers, parmi lesquels deux dames, n'étant point encore rendus à bord.

Il était convenu que s'ils n'étaient point arrivés avant l'heure où les portes ferment, ils viendraient rejoindre à la plage : c'est ce qui fut fait. Le bâtiment s'arrêta quelques instans à la hauteur de Via-Reggio; les retardataires arrivèrent dans la nuit, et l'on repartit à la pointe du jour.

La navigation continua pendant toute la journée du 25; mais le 26, comme le navire était déjà en vue des côtes de Provence, le mauvais temps le força à se réfugier dans le port de Nice, où il parvint dans la matinée du 27.

Une grande partie du charbon qu'on avait pris en proportion de la durée présumée du voyage, ayant été consommée pendant ces deux jours et demi de temps contraires sur lesquels on n'avait pas compté, on fit, à défaut de charbon, provision de bois dans le port de Nice, que l'on quitta à une heure après minuit.

Quoiqu'un peu contrariée par le vent, la traversée fut assez heureuse jusqu'au 29. Ce jour-là, et dans la nuit du 29 au 30, on éprouva un très gros temps, et le capitaine, qui connaissait peu ces parages, manifesta une inquiétude qui se répercuta d'une manière bien plus vive chez les passagers; plusieurs se croyaient en danger de périr. Déjà un coup de mer avait brisé le tambour d'une des roues du navire, une avarie s'était déclarée à l'une des chaudières, et l'on craignait à tout moment que la machine ne s'arrêtât.

Ce fut en cet instant qu'une barque, qu'on supposa catalane, ayant été aperçue à peu de distance, on la héla à la sollicitation de quelques-uns des passagers, et sept d'entre eux s'y jetèrent pour gagner la côte.

Le journal du bord indique qu'on se trouvait alors à la hauteur et par trente milles du cap *Creux* en Espagne.

Le manque de combustible d'un côté, et de l'autre l'avarie de la chaudière ne permettaient plus de tenir la mer.

On décida de relâcher à Roses, et, la tempête s'étant un peu calmée, l'on y entra le 30 avril dans l'après-midi.

Là, apprenant qu'une quarantaine de 24 jours venait d'être établie à Barcelonne, dans la crainte du choléra-morbus, pour toutes les provenances d'Italie; qu'à Roses même aucun navire ne pouvait espérer d'être admis à libre pratique, les passagers qui restaient à bord furent découragés d'aller jusqu'au terme de leur navigation. M. le duc d'Almazan lui-même, ayant trouvé le moyen de faire passer des papiers importans pour ses affaires particulières par une autorité espagnole, après s'être mis d'accord avec les autres voyageurs, proposa au directeur de rompre le voyage commencé et de retourner à Nice, moyennant un nouveau nolis de cinq cents piastres.

Ce dernier y consentit. On fit mastiquer les fissures de la chaudière avariée, aussi bien que l'état de quarantaine dans lequel on se trouvait le permit, au moyen des matériaux que M. le vice-consul de France et de Sardaigne à Roses voulut bien procurer; on fit de nouveau provision de bois, faute de charbon; puis on reprit la route de Nice dans la matinée du 2 mai, les papiers du bord ainsi que les passeports des voyageurs ayant été révisés pour cette destination.

La première journée se passa assez bien, mais insensiblement les avaries de la chaudière recommençant à se déclarer retardèrent la marche du navire, qui n'avança presque point pendant la nuit.

Dans la crainte d'être surpris par un sinistre en pleine mer, on sentit la nécessité de serrer davantage la côte.

Vers les six heures du matin du 3 mai, le phare de Planier se montra à la gauche du *Carlo-Alberto*.

Alors un gendarme de la marine se détacha dans une petite barque pour venir reconnaître le bateau à vapeur : on lui dit le nom du bâtiment, on lui déclara qu'il venait de Roses et qu'il allait à Nice.

Cependant, les avaries allaient s'accroissant d'une manière rapide et inquiétante.

Le vent contraire, la mer orageuse, le défaut de charbon qui n'était point suppléé par le bois au moyen duquel on ne pouvait obtenir assez de vapeur pour faire agir la machine, la fissure de la chaudière devenue tellement grande que l'eau en découlait avec abondance et éteignait le feu, tous ces obstacles insurmontables devaient nécessairement amener une relâche. On ne balança plus quand le mécanicien eut déclaré ne pouvoir plus répondre de la machine, et que les chaudières risquaient d'éclater si on continuait à les chauffer encore.

On alla se jeter dans la rade de La Ciotat vers les deux heures de l'après-midi, conduit par un bateau-pilote qu'on avait rencontré, et qui, sur la demande du capitaine, avait répondu qu'on trouverait là, sans prendre l'entrée (ce qui eût occasioné le paiement de droits considérables) du charbon et tout ce qu'il fallait pour raccommoder les chaudières.

Elles en avaient un grand besoin; elles s'étaient tellement ouvertes qu'elles ne pouvaient plus retenir l'eau, et, lorqu'elles furent refroidies, un examen attentif prouva qu'il faudrait y faire des réparations majeures qui dureraient au moins vingt-quatre heures.

Le capitaine et le directeur se rendirent à la santé : ils déclarèrent venir de Roses en Espagne, se rendre à Nice, et ne s'être arrêtés que pour cause de relâche forcée, avec le projet de ne rester que le temps nécessaire pour réparer leurs avaries, sans même se faire admettre à l'entrée. Ils demandèrent en outre à voir le vice-consul de leur nation, afin d'obtenir par son intermédiaire les secours qui leur étaient indispensables, soit en provisions de bouche, soit en provisions de charbon dont ils manquaient absolument, soit encore en matériaux propres à remettre leur machine en état (1).

Rien n'égale l'accueil empressé qu'on leur fit : l'officier de santé leur proposa de prendre la libre pratique, en leur faisant observer qu'il leur serait ainsi plus facile de recevoir du charbon et à moins de frais.

---

(1) Voir aux *pièces justificatives* le certificat de M. Janvier.

Le capitaine et le directeur refusèrent d'abord, pour ne pas payer des droits de port fixés à cinq francs par tonneau, ce qui faisait pour le bateau à vapeur, d'une portée de 128, une somme de six cent quarante francs.

Mais sur ces entrefaites survinrent l'inspecteur des douanes et le maire, qui insistèrent de plus fort auprès du directeur et du capitaine pour qu'ils prissent la libre pratique, et qui allèrent, pour les y engager, jusqu'à leur dire qu'ils ne paieraient qu'un simple droit de trois francs par passager.

On était bien loin alors de rattacher à leur présence à La Ciotat *le* 3 *mai*, l'apparition d'un drapeau blanc qu'on avait vu flotter *le* 30 *avril* sur le clocher de l'église Saint-Laurent à Marseille.

Qui eût pu soupçonner que la bienveillance dont ils étaient l'objet n'était qu'un piége infâme tendu à des navigateurs malheureux, et qu'on se ferait un jour, à la face de la France, un horrible honneur d'avoir trompé leur bonne foi ?

Il n'y avait rien à répliquer à tant de courtoisie; aussi, pour y répondre de leur mieux, le capitaine et le directeur allèrent chercher à bord leurs expéditions, afin de remplir les formalités préalables pour leur entrée.

A leur retour à terre, ils furent suivis par un des passagers qui se rendit à la mairie dans l'objet de faire viser son passeport, déterminé qu'il était à suivre son voyage par terre; cela lui fut accordé sans peine.

Après avoir fait son manifeste à la douane, le directeur se rendit chez le maire, d'après l'invitation qu'il lui en avait fait faire par son consul; le maire lui fit les offres les plus obligeantes, voulut bien lui envoyer chercher un homme de l'art auquel il donna ordre d'aller sur-le-champ à bord pour s'assurer des réparations qu'il y avait à faire aux chaudières, et s'efforça de persuader au subrécargue d'entrer avec le bateau dans le port.

Il paraît que l'ouvrier envoyé sur le *Carlo-Alberto* avait reçu le mot d'ordre; car, à son tour, il déclara lui-même qu'il fallait que le navire entrât dans le port, ou que les chaudières fussent descendues à terre (chose tout-à-fait impossible), pour qu'il pût mettre, disait-il, la main à l'œuvre, mais dans le but secret qu'on pût mieux s'assurer du bâtiment, sans doute.

Le maire tenait si fort à ce point, qu'il envoya en outre un pilote tout exprès pour l'inviter de sa part à faire approcher son navire.

Cette proposition ne pouvait être acceptée en l'état de la résolution prise par l'équipage de se remettre en route le surlendemain, après avoir fait arranger du mieux possible les chaudières par le mécanicien; décidé surtout par cette considération que, nonobstant ce qu'on leur avait fait espérer, *il leur avait été impossible de se procurer du charbon* à quelque prix que ce fût.

Vers les six heures de l'après-midi, les employés de la douane se rendirent à bord pour vérifier l'exactitude du manifeste; et cette vérification faite, ils le rendirent au consul sarde afin qu'il pût préparer les expéditions.

Rien de suspect ne fut alors signalé à bord du *Carlo-Alberto;* et cependant quels contes absurdes n'a-t-on pas répandus plus tard!

Remarquons ici que s'il y eût eu dans ce navire, comme on a osé l'avancer, des chiffres de Henri V, des tentures fleurdelisées, des millions, des proclamations et des armes, tout cela n'eût pu échapper à l'investigation de la douane.

D'où vient donc qu'elle n'a rien vu de semblable?

Il n'y avait à bord que 24 fusils, 4 pistolets, 5 sabres et 120 livres de poudre, pour servir à la défense du navire dans un cas extraordinaire, et embarqués par une précaution ordinaire à tous les bâtimens; encore, le capitaine les avait-il portés sur son manifeste, comme c'est la coutume.

Le *Carlo-Alberto* était si peu armé qu'il n'avait pas même de petits canons tels qu'on en voit communément sur les autres paquebots.

Quant à de l'argent, on n'a trouvé, après toutes les recherches possibles, qu'une somme de 20,000 fr. que Deferrari a déclaré lui avoir été consignée par M. Gaetano de Andreis, négociant à Gênes, pour la tenir à sa disposition ou à celle du propriétaire du navire, plus 8,000 fr. à lui appartenant; et aujourd'hui il prouve par acte notarié la vérité de sa déclaration.

Ne voilà-t-il pas de quoi s'étonner, de quoi crier à la guerre civile et au complot?

Et qu'on ne dise pas que si l'on n'a rien trouvé, c'est parce qu'on a brûlé ou jeté à l'eau tout ce qui pouvait être suspect.

Comment aurait-on pu le faire? On s'est trouvé dès les premiers momens sous les yeux de la douane, et quand les préposés de cette administration se retiraient, déjà le bateau à vapeur de l'état *le Sphinx* arrivait à toutes voiles, toutes les lunettes braquées sur le pont du *Carlo-Alberto*.

L'administration, d'ailleurs, ainsi que l'ont annoncé *le Garde National* et *le Sémaphore* de Marseille dans le courant de juin, a fait faire des fouilles dans la mer pour reconnaître si l'on avait jeté des caisses d'armes; et ses recherches n'ayant amené aucun résultat, il devient certain pour tout le monde que rien de pareil n'a existé.

Pendant que la douane visitait le navire, le directeur ayant achevé ce qu'il avait à faire à terre regagnait le bord en compagnie du passager qui l'avait suivi et qui venait débarquer ses hardes et prendre congé des autres voyageurs; et en effet, cela terminé, il partit accompagné d'un autre passager qui déclara vouloir descendre à terre pour aller voir la ville.

C'est à cet instant que le bateau à vapeur de l'état *le Sphinx*, venant de Toulon, parut au large, se dirigea sur le *Carlo-Alberto* et vint mouiller tout près de lui.

Deux officiers s'étant jetés dans une embarcation vinrent à bord du *Carlo-Alberto.*

Il était jour encore; personne ne songeait à se cacher, les passagers étaient à table sur le pont, et la dame qui voyageait sous le nom de *Rosa Staglieno* dînait avec eux.

Aucun ne songea à se déranger, et l'on continua tranquillement le repas.

Les deux officiers du *Sphinx* se présentèrent en faisant offre de services, demandèrent et effectuèrent la visite du bâtiment, et engagèrent le capitaine et le directeur à se rendre à leur bord avec leurs papiers.

L'un d'eux, le lieutenant Pochet, conduisit le capitaine et le directeur.

L'autre, le lieutenant Lautier, qui était demeuré, voyait tout ce qui se passait sur le *Carlo-Alberto;* il ne fit aucune question. On lui offrit un verre de vin. Il visita tout et resta constamment à bord jusqu'au moment où le lieutenant Pochet revint avec une garnison.

Dans cet intervalle, le commandant Sarlat s'informait auprès du capitaine Zahra du motif de la relâche, et lui faisait mille questions sur le compte des passagers, parmi lesquels il prétendait qu'était *Madame,* duchesse de Berry, affirmant qu'il en avait la certitude et qu'il était allé jusqu'à Barcelonne pour trouver le *Carlo-Alberto.*

Il se fit remettre les passeports des voyageurs et envoya prendre à terre les expéditions du navire, en disant que, puisque le *Carlo-Alberto* ne pouvait continuer sa route faute de charbon et sans réparer ses chaudières, il allait le remorquer jusqu'à Toulon, où il trouverait ensuite tout ce qui serait nécessaire pour la prompte continuation de son voyage.

Le commandant du *Sphinx* retint toujours en attendant les expéditions, le journal et les papiers du bord consistant en l'acte de nationalité et le passavant du navire, les passeports des passagers et le rôle de l'équipage; pièces innocentes, sans contredit, et qui eussent dû suffire pour empêcher la violation de tous droits à laquelle on commençait à se livrer dès ce moment.

Le *Carlo-Alberto* fut remorqué pendant la nuit, occupé militairement à l'avant et à l'arrière, et à l'aube on était en rade de Toulon.

Les explications données par le *Sphinx* n'ayant rien d'hostile, Toulon se trouvant sur la route de Nice, on s'était abandonné à sa direction, et tout le monde s'était couché comme à l'ordinaire.

Personne ne parut dans la matinée du 4; mais vers les onze heures, M. Sarlat demanda à voir la dame qui se trouvait sur le *Carlo-Alberto*: il fut introduit, ne parla que de choses insignifiantes et se retira au bout de trois minutes.

Une heure après, on vit des préparatifs de départ. Le directeur du *Carlo-Alberto* avait été emmené au bureau de la santé pour y déclarer de nouveau les événemens de sa navigation. Il crut comprendre qu'on avait envie de se débarrasser au plus tôt de la présence de son navire; et, comme on lui disait *qu'il n'aurait pas à se plaindre*, il crut qu'on allait le remorquer à Nice. « C'est autant de charbon épargné, » dit-il.

Interrogé là même si ce n'était pas la duchesse de Berry qu'il avait à bord, il répondit qu'il ne l'avait jamais connue; qu'il ne connaissait que des passeports; qu'aucun de ceux appartenant à ses passagers ne portait ce nom-là, et que tout étant d'ailleurs en règle, il ne pensait pas qu'il eût à demander ni rechercher autre chose.

Au reste, ayant demandé à voir le consul de sa nation à Toulon, *on ne le lui permit pas.*

On partit, le *Carlo-Alberto* toujours occupé militairement, toujours allant à la remorque du *Sphinx* et ne sachant où.

Le 5 mai au matin, on entra dans la rade d'Ajaccio. Dès qu'on eut reconnu les lieux, les personnes qui se trouvaient à bord du *Carlo-Alberto* ne purent plus révoquer en doute qu'elles étaient l'objet d'un acte de violence, et qu'elles avaient été trompées jusque là.

A Ajaccio, nouveaux interrogatoires devant le préfet. Le capitaine et le directeur n'eurent que fort tard, et pour 24 heures seulement, la permission d'aller à terre; ils en profitèrent pour réclamer, par l'organe du vice-consul de leur nation, les garanties du droit des gens blessé dans leurs personnes.

Ce vice-consul de Sardaigne est Français; il exerçait un emploi dans l'administration française à Ajaccio, il l'a perdu depuis la protestation qu'il a faite contre la violation du pavillon de la nation qu'il représente.

M. le duc d'Almazan protesta de son côté, mais tout fut inutile : prétextant d'ordres supérieurs, l'autorité locale ne voulut rien entendre.

Les mécaniciens des paquebots de l'état *le Sphinx* et *le Nageur* s'étant assemblés pour consulter sur l'état de la chaudière du *Carlo-Alberto*, reconnurent *qu'elle était hors de service.*

Ils employèrent trois jours entiers à la réparer sans pouvoir rien faire de complet.

Actuellement encore elle est dans une situation fâcheuse.

Bientôt la gendarmerie vint contraindre les passagers qui se trouvaient à bord du *Carlo-Alberto*, à l'exception de la dame connue sous le nom de *Rosa Staglieno*, de passer sur le bord du *Nageur :* ils avaient déclaré qu'ils ne céderaient qu'à la force.

Ils partirent de Corse, et depuis l'équipage n'en a entendu parler qu'à Marseille.

Quant aux gens de l'équipage eux-mêmes, ils restèrent sur leur bord jusqu'au 12 mai, gardés à vue par des gendarmes, sans pouvoir communiquer avec la terre, pas même avec leur consul.

Ce jour 12, le général, le préfet et le procureur du roi se présentèrent, firent enlever le pavillon sarde et s'emparèrent du bâtiment.

Ainsi à la perte de la liberté vint se joindre pour eux la spoliation de la propriété, comme par surcroît.

Il fallut de nouveau subir un interrogatoire long et rigoureux; ensuite on transborda sur le vaisseau de l'état *la Bellone* tous les gens de l'équipage, à l'exception du capitaine et du directeur, en présence desquels on fit une visite minutieuse du navire, et l'on procéda à l'apposition des scellés.

Le 13, ayant été réunis à leurs camarades sur *la Bellone*, ils furent conduits successivement, comme des prisonniers de guerre, d'Ajaccio à Toulon, de Toulon à Marseille.

Arrivés le 20, on les jeta, sans aucun mandat légal, dans les prisons du fort Saint-Nicolas, où ils sont restés long-temps dans l'état de séquestration le plus absolu, et où la plupart ont été exposés aux privations les plus pénibles.

La Cour royale d'Aix ayant évoqué la connaissance du prétendu complot par suite duquel on aurait vu un drapeau blanc flotter, dans la journée du 30 avril, sur le clocher de Saint-Laurent à Marseille, avait délégué son premier président et deux de MM. les conseillers pour s'occuper de l'instruction de l'affaire.

Les gens du *Carlo-Alberto* ne manquèrent pas d'y être impliqués.

Le directeur et le capitaine furent transférés le 31 suivant dans une maison d'arrêt, sous l'inculpation de complot contre le gouvernement.

Ce n'est que le 21 juin que Mazzarini, Brélaz et Ratto y furent écroués à leur tour, en vertu d'un mandat de dépôt daté du 20 de ce mois dont copie ne leur fut donnée que le 2 juillet suivant, sur une sommation qu'ils avaient faite le 30 juin au geolier de *vouloir bien leur faire savoir en vertu de quel acte ils étaient détenus*.

Jusqu'alors ils avaient été entendus comme témoins, depuis ils furent placés sous l'inculpation de complot contre le gouvernement.

Ainsi les gens du *Carlo-Alberto* ont vu violer dans leurs personnes les droits les plus sacrés, sans l'observation d'aucune des formes protectrices que la loi ordinaire commande.

Les matelots, renfermés toujours dans la prison militaire du fort Saint-Nicolas, ne laissaient point que d'être interrogés comme témoins.

On ignore quelles charges on a pu faire résulter de leurs dépositions. Les prévenus n'ont jamais eu connaissance de la procédure dans laquelle ils ont été impliqués. Mais ce que tout le monde sait bien, c'est que des témoins placés entre la crainte d'être détenus, et l'espérance d'être rendus à la liberté s'ils donnent des réponses satisfaisantes, sont soumis à une véritable torture morale qui leur enlève toute espèce d'indépendance.

Or, l'équipage du *Carlo-Alberto* ayant été mis en liberté le 8 juillet par ordre supérieur, avant la fin de l'instruction de l'affaire, a fait lui-même, immédiatement après sa sortie de prison, contre les traitemens dont il a été l'objet, une protestation qui a été signifiée au ministère public, et qui a donné la mesure de la confiance qu'on doit accorder aux renseignemens qu'il a pu donner sous l'empire de la violence.

M. Barchi, propriétaire du *Carlo-Alberto*, s'était hâté d'envoyer un mandataire à Marseille dans la personne de M. Joseph de Lucchi, son beau-frère, pour réclamer sa propriété aussitôt que la nouvelle de son arrestation était parvenue à Gênes.

M. de Lucchi, arrivé le 4 juin sur les lieux, s'était empressé d'adresser sa réclamation à la marine, qui l'avait renvoyé au gouvernement, puis au gouvernement dans la personne du préfet du département, lequel l'avait renvoyé à la marine, et il avait fini par voir une ordonnance de M. le premier président de la Cour royale d'Aix, en date du 12 juillet, déclarer que le *Carlo-Alberto* serait saisi pour rester sous la main de justice, jusqu'à ce qu'il en eût été autrement ordonné par qui de droit.

Le 23 juillet au soir, il allait partir pour Aix à l'effet de consulter sur les moyens de faire soulever ce séquestre, lorsqu'il fut arrêté montant en voiture, en vertu d'un mandat par lequel il était *inculpé*, lui arrivé le 4 juin à Marseille, *de complicité d'un complot* qui aurait éclaté le 30 avril précédent!

Ce n'est pas tout : quoique étranger à l'information sur le complot, par suite de l'évocation de l'affaire par la Cour royale d'Aix, M. le juge d'instruction de Marseille ajouta au premier mandat, avant qu'il eût été statué sur la prévention de complicité, un second mandat, à la date du 1er août, contre M. de Lucchi, d'après lequel il était inculpé d'avoir par promesses, etc., tenté de corrompre un gardien du *Carlo-Alberto*, qualifié de préposé d'une administration publique.

Il ne nous appartient point d'expliquer l'étrange empiétement d'un juge inférieur et désinvesti sur un arrêt de cour souveraine; nous n'avons voulu dire autre chose si ce n'est que, par suite des obstacles qui lui furent de la sorte opposés, M. de Lucchi ne put se pourvoir en revendication du navire de son beau-frère, avant l'arrêt de la Chambre des mises en accusation.

Après une instruction qui avait duré trois mois et qui avait été poursuivie au milieu des actes de rigueur les plus multipliés, la Cour allait rendre une décision.

Les conseils des parties, désirant profiter des dispositions de la loi qui autorise les prévenus (art. 217 du code d'instruction criminelle) à présenter des mémoires à la Chambre des mises en accusation, adressèrent le 20 juillet à cette Chambre une requête tendant à ce que communication leur fût faite de toutes les pièces de la procédure instruite sur l'événement du 30 avril et sur ce qui concerne le *Carlo-Alberto*.

Cette demande fut repoussée par arrêt du 21 juillet, sur les conclusions conformes de M. le procureur-général.

Le 6 août intervint enfin l'arrêt sur l'instruction de l'affaire.

Il faut le dire, la Cour royale d'Aix se trouvait placée dans des circonstances difficiles.

Les agens de l'administration ayant répandu avec une légèreté inconcevable que *Madame*, duchesse de Berry, se trouvait à bord du *Carlo-Alberto* lorsqu'il fut arrêté, l'opinion avait bâti sur cette base si hasardée les hypothèses les plus absurdes et les plus fausses.

Ce fut au point que lorsque plus tard l'autorité démentit la première nouvelle qu'elle avait donnée sur des rapports fautifs, elle rencontra chez une certaine classe de gens une incrédulité difficile à convaincre. On alla jusqu'à penser que le gouvernement avait voulu ménager à *Madame* une évasion secrète.

Comment croire qu'on eût fait tant de bruit par suite d'une pure méprise?

On conçoit que cette situation de certains esprits a pu réagir jusqu'à un certain point sur la cause des prévenus du *Carlo-Alberto*, et déterminer à leur égard une épreuve judiciaire plus longue et plus sérieuse, afin de dissiper plus sûrement toutes les préventions qui auraient pu exister.

Aussi, tout en reconnaissant que l'arrestation des personnes qui se trouvaient sur le navire avait eu lieu contre le droit des gens, et qu'elles devaient être reconduites sur le territoire sarde, la Cour a-t-elle ordonné que quelques-unes d'entre elles demeureraient en état de prévention de complot, et que leur cause serait soumise à l'examen solennel d'une Cour d'assises, soit contradictoirement dans le cas où elles se représenteraient, soit par contumace dans le cas où elles ne se représenteraient pas.

Cet arrêt était sévère, puisque, reconnaissant que Deferrari avait été arrêté hors du territoire français, il admettait, contrairement aux dispositions de l'article 6 du code d'instruction criminelle, qu'il pourrait être poursuivi et jugé, sans extradition préalable.

C'est cependant cette décision que la Cour de cassation a cru devoir annuler. Nous respectons tous ses arrêts; mais, qu'il nous soit permis de le dire, c'est faute d'avoir suffisamment connu les faits que nous venons d'exposer, qu'elle a cru nécessaire de soumettre la cause à un nouvel examen.

Nous avons dit que la majeure partie de l'équipage avait été rendue à la liberté par ordre supérieur avant la fin de l'instruction. L'arrêt de la Cour royale d'Aix a déclaré ensuite n'y avoir lieu à suivre contre le passager Mazzarini, le machiniste Brélaz et le valet de chambre Ratto. Plus tard encore le capitaine Zahra, qui n'avait été déchargé de toute prévention de complot que sous la réserve faite au ministère public de le poursuivre à raison d'une prétendue violation des lois sanitaires, a été mis en liberté sur ce dernier chef par décision de la Chambre du conseil de Marseille.

Il ne reste donc plus en cause que les cinq passagers du *Carlo-Alberto* et Deferrari, directeur de ce navire.

C'est pour lui que ces observations sont faites spécialement. Il soutient devant la Cour royale de Lyon, comme il l'avait fait devant la Cour royale d'Aix, que son arrestation sur le *Carlo-Alberto* a été faite au mépris du droit des gens; qu'en conséquenoe elle doit être déclarée nulle, et qu'il doit être mis en liberté pour être rendu au territoire sarde.

Cette prétention n'a rien que de très recevable et de très fondé.

§ Ier. — *Elle est recevable.*

Deferrari affirme, et il prouvera plus tard, qu'on n'a pu l'arrêter sur le *Carlo-Alberto* portant pavillon d'une nation amie, pendant qu'il était en relâche forcée à La Ciotat, sans violer le droit des gens.

Est-il admissible à invoquer ces principes?

Quelques mots suffiront pour établir ce point d'une manière incontestable.

En matière criminelle, bien plus qu'en matière civile encore, c'est un axiome que l'intérêt est la mesure des actions.

Or, quel intérêt plus précieux que la défense de sa liberté, sans en excepter même la vie?

Sans doute, le gouvernement dont la souveraineté a été lésée, dans la personne d'un de ses nationaux, par les actes d'un autre gouvernement, a le droit de se plaindre et de demander satisfaction.

Mais ce droit n'est point exclusif de celui appartenant au particulier qui souffre préjudice.

L'un s'exerce par les voies diplomatiques et atteint son but par un échange de notes ou par une déclaration de guerre.

L'autre s'exerce par la voie judiciaire et se termine par un arrêt de justice.

L'état qui réclame prétend, avant tout, avoir réparation de sa dignité offensée.

L'homme privé qui invoque les dispositions d'un traité ou une maxime du droit public, défend, avant tout, sa propriété ou sa personne.

Ces deux droits sont tout-à-fait indépendans, et l'un ne saurait faire obstacle à l'autre.

Dira-t-on qu'il peut toujours dépendre du gouvernement auquel appartient la personne arrêtée d'empêcher l'exercice de sa réclamation sur l'illégalite du fait, en le couvrant d'une ratification postérieure, ce qui équivaut à une extradition consentie, et que la Sardaigne se trouve dans ce cas puisqu'elle n'a point réclamé contre la capture du *Carlo-Alberto*?

Erreurs, et erreurs graves!

S'il y a eu illégalité dans l'arrestation, rien ne peut faire que l'arrestation n'ait pas été illégale; et si elle l'a été, qui peut empêcher celui qu'elle a atteint d'en démontrer le vice? Souvent l'intérêt politique fait oublier un intérêt privé.

Les règles sur l'extradition, d'ailleurs, n'admettent point de rétroactivité en cette matière; le consentement qui en fait l'essence doit précéder l'arrestation même.

Il ne se suppose pas, il doit être formel.

Cette mesure est un acte de droit public qui doit être traité dans les formes diplomatiques et suivant les conventions et les traités qui lient les nations entre elles.

Legraverend (*Traité de la Législation criminelle*, tom. 1er, pag. 87) cite un exemple mémorable de la réserve qu'on doit toujours observer en matière d'extradition :

« Un officier français, expatrié, étant accusé d'avoir pris part à un « crime politique contre la France, son extradition fut accordée; il fut « mis en jugement et acquitté. Mais cet officier ayant été précédem-« ment condamné par contumace à une peine infamante pour un « autre crime, il fut question de savoir s'il fallait le faire juger con-« tradictoirement sur le fait qui avait donné lieu à la contumace. La « négative prévalut. L'extradition n'ayant été accordée qu'à raison du « crime politique, il fut reconnu que l'on ne pouvait le faire passer « en jugement pour un autre fait sans blesser le droit des gens; il fut, « en conséquence, rendu, par ordre du gouvernement français, au « gouvernement qui avait accordé l'extradition. »

Dans l'hypothèse que nous venons de lire, il eût été facile d'induire que puisqu'on avait permis l'extradition dans un cas, on l'aurait permise tout aussi bien dans un autre; on pouvait tenter d'aller toujours en avant, aussi long-temps qu'il n'y aurait point réclamation de la part du gouvernement étranger.... Mais on sentit qu'un consentement tel que celui que suppose l'extradition doit être antérieur à l'arrestation et tout-à-fait exprès, et l'on s'arrêta.

Nous ne dirons point qu'en France l'extradition a cessé d'avoir lieu en matière *politique*, comme une mesure odieuse dans des temps de vicissitudes et de convulsion. Cette maxime a été proclamée dans la séance de la chambre des députés du 9 juillet 1829, au sujet de l'affaire du Napolitain Galotti, avec trop de force et d'unanimité pour qu'il soit nécessaire de l'établir ici.

Mais, au reste, qu'avons-nous besoin d'invoquer ces doctrines? Le fait seul nous suffit. Il est constant que la Sardaigne a réclamé dès le principe et qu'elle n'a cessé de réclamer en secret.

Nous avons dit que la majeure partie de l'équipage du *Carlo-Alberto* avait été mise en liberté, avant la fin de l'instruction, par ordre supérieur; cet ordre, peut-on se dissimuler qui en a provoqué l'expédition?

Et ce vice-consul de Sardaigne en Corse qui protesta d'abord contre l'arrestation du navire, qui a osé le désavouer?

Il a bien perdu un emploi qu'il occupait dans l'administration française, mais il n'en est pas moins demeuré vice-consul de Sardaigne.

Si la Sardaigne n'a pas obtenu davantage, si elle ne parle pas plus haut, on en trouve l'explication dans sa faiblesse : son droit crie pour elle!

Deferrari est donc très recevable à se prévaloir des principes du droit des gens pour faire annuler son arrestation.

Peut-être demandera-t-on maintenant si une Chambre des mises en accusation est compétente pour accueillir de pareils moyens, et si le rôle que l'art. 221 du code d'instruction criminelle lui assigne ne se borne point à reconnaître s'il y a preuve ou indices suffisans de culpabilité contre le prévenu.

Il n'y a pas le moindre doute que la Chambre des mises en accusation soit tout-à-fait compétente pour prononcer sur toutes les exceptions qui tiennent à l'arrestation.

Sans nous étendre sur les généralités que peut présenter une question de cette nature, qu'il nous suffise de prouver, par un texte de loi précis, que, dans l'affaire du *Carlo-Alberto,* les juges ne pouvaient et ne peuvent se dispenser d'examiner de quelle manière l'arrestation a été faite.

L'art. 6 du code d'instruction criminelle dispose qu'on pourra poursuivre, juger et punir en France *les étrangers qui,* auteurs ou complices d'un crime attentatoire à la sûreté de l'état, *seraient arrêtés en France, ou dont le gouvernement obtiendrait l'extradition.*

De quoi Deferrari était-il et est-il encore inculpé? De complicité, ou autrement dit de participation à un complot contre le gouvernement, ce qui est bien la même chose qu'un *crime attentatoire à la sûreté de l'état.*

Ce crime, on ne l'inculpe de l'avoir commis que hors du territoire, puisque son délit serait, d'après la prévention, d'avoir conduit d'Italie en vue des côtes de France des personnes qu'on suppose avoir été animées d'intentions hostiles.

Pour établir s'il y avait contre lui preuve ou indice du crime tel qu'il est qualifié par la loi, et s'il devait être renvoyé, à raison de ce, devant une Cour d'assises pour être poursuivi, jugé et puni en France, il fallait donc examiner si *c'était en France qu'il avait été arrêté, ou si le gouvernement avait obtenu son extradition.*

Or, l'examen de ces deux circonstances conduit nécessairement à prononcer sur les questions du droit des gens.

Et si la Chambre des mises en accusation de la Cour royale d'Aix a pu et même a dû agiter ces questions, comment la Chambre des mises en accusation de la Cour royale de Lyon, qui a été désignée pour prendre sa place, ne le pourrait-elle pas?

C'est là si bien le droit de la Chambre des mises en accusation, que M. le procureur-général près la Cour de cassation, tout en attaquant l'arrêt sous d'autres rapports, n'a pu s'empêcher de le lui reconnaître.

« Sous un autre point de vue, a dit ce magistrat, on peut se de-
« mander encore si la Cour d'Aix était compétente pour juger, comme
« elle l'a fait, par application du droit des gens et par des motifs
« empruntés au *code des prises.*

« Je le crois ainsi, répond M. le procureur-général; je pense que
« des juges à qui l'on donne un prisonnier à juger ne doivent point

« l'accepter sans s'assurer qu'il a été mis légalement sous la main « de la justice. Les juges du duc d'Enghien se fussent grandement « honorés s'ils avaient proclamé le vice de son arrestation, pratiquée « sur un territoire étranger, la nuit, avec armes, et cependant en « pleine paix.

« Les juges d'Aix auront donc pu juger la question d'arrestation. »

Et c'est parce que toute Chambre d'accusation est compétente pour juger une exception qui peut faire obstacle au renvoi du prévenu, que la Cour de cassation annulant le chef de l'arrêt de la Cour d'Aix relatif à cette question, ne l'a point cassé pour cause d'incompétence, mais a renvoyé, au contraire, la cause devant la Chambre des mises en accusation de la Cour royale de Lyon, pour faire droit à la demande des prévenus en nullité de leur arrestation.

La compétence de la Cour royale de Lyon à cet égard se trouve donc reconnue à l'avance; en sorte que, sous ce point de vue, comme sous celui du droit personnel qu'a Deferrari pour agir, sa prétention est entièrement recevable.

Hâtons-nous de prouver qu'elle est aussi fondée.

§ II.

Deferrari n'a pu être arrêté, lui Sarde de nation, sur un navire sarde, dans la rade de La Ciotat où il se trouvait en état de relâche forcée, que par un acte contraire au droit des gens; et en effet il aurait dû être protégé, contre toute entreprise de la nature de celle qui l'a atteint, par sa nationalité et celle du navire, d'une part, et de l'autre par l'inviolabilité du malheur sous le poids duquel il se trouvait.

Première considération tirée de la nationalité de la personne et du navire.

« Les lois de police et de sûreté obligent tous ceux *qui habitent le « territoire*, » porte l'art. 3 du code civil.

Il résulte de là que ceux *qui n'habitent point le territoire* ne sont point soumis à l'action des lois répressives et à la juridiction des tribunaux français.

Les étrangers n'ont donc point à répondre à la justice française des crimes, délits ou contraventions dont ils peuvent être soupçonnés de s'être rendus coupables hors du *territoire* de France.

C'est là une règle générale : « Il y a quelques exceptions introdui-« tes, » dit M. Legraverend (*Traité de la Législ. crim.*, tom. 1er, pag. 82), « à cause de la nature et de la gravité de certains faits qu'il importe « de réprimer. »

Cet auteur cite à ce sujet les dispositions des art. 5 et 6 du code d'instruction criminelle qui permettent de poursuivre, juger et punir en France les étrangers auteurs ou complices d'un crime attentatoire à la sûreté de l'état, commis *hors du territoire de France;* mais il fait remarquer que cet article de loi ne peut recevoir d'exécution que lorsque les étrangers *viennent à être arrêtés en France*, à moins que sur la demande qui en est faite par le gouvernement français au prince ou au gouvernement dont ils dépendeut, l'extradition ne soit accordée.

Telle est, en effet, la condition expresse à laquelle le législateur a subordonné dans ces mêmes articles l'exercice d'un droit exorbitant.

Il en résulte que, même pour un crime attentatoire à la sûreté de l'état, dont un étranger se serait, hors de France, rendu coupable ou complice, il ne pourrait être poursuivi, jugé et puni qu'autant qu'il aurait été arrêté en France, ou que le gouvernement en aurait obtenu l'extradition.

L'arrestation d'un étranger présente donc un problême fort grave et fort délicat à résoudre, *avant toute poursuite*, quand il s'agit de l'inculpation d'un crime attentatoire à la sûreté de l'état commis hors de France, par rapport à la question de territoire.

L'absence du territoire de France, tant que l'extradition n'est point intervenue, est un obstacle insurmontable à la prise de corps, à la poursuite et à la condamnation du prévenu.

Or, Deferrari est sujet sarde; il n'a mis le pied sur le territoire français que par force; et loin que son extradition ait été obtenue, elle n'a pas même été demandée.

En sorte que, par rapport à lui, il y a non seulement arrestation illégale, mais encore poursuite illégale, comme contraire au texte de l'article 6 du code d'instruction criminelle.

Quant à la justification de ce fait qu'il n'a point été arrêté sur le territoire français, elle résulte, de l'aveu de tous, qu'il a été saisi, ainsi que tout l'équipage et les passagers du *Carlo-Alberto*, sur un navire sarde portant le pavillon du roi de Sardaigne.

Il est évident que si les personnes voyageant sur ce navire se trouvaient sur le territoire d'une puissance amie de la France, elles ne pouvaient y être saisies par force et sans que la puissance étrangère y eût consenti.

On convient du principe que tout navire est la continuation du territoire de la nation à laquelle il appartient, mais on cherche à échapper à ses exigences par plusieurs raisons plus ou moins spécieuses.

On dit : Le *Carlo-Alberto* portait à son bord des conspirateurs; dès lors le privilége établi par la loi des nations en faveur des navires qui appartiennent à un peuple ami a disparu, et c'est avec le droit le plus certain qu'il a été arrêté.

Examinons.

Peut-on affirmer, d'abord, que les personnes qui montaient le *Carlo-Alberto* fussent en état de conspiration?

Ce n'étaient point des conspirateurs, en premier lieu, ces quinze matelots formant la majeure partie de l'équipage, qui, après une détention arbitraire dans le fort Saint-Nicolas à Marseille, ont été mis en liberté par ordre supérieur, avant la fin même de l'instruction de l'affaire.

Ce n'étaient point sans doute non plus des conspirateurs, et le passager Mazzarini, et le valet de chambre Ratto, et le machiniste Brélaz, qui, après l'épreuve d'une instruction rigoureuse, ont été mis en liberté par arrêt de non-lieu de la Chambre des mises en accusation.

Ce n'était point enfin un conspirateur, sans contredit, ce capitaine Zahra contre lequel la Chambre des mises en accusation de la Cour royale d'Aix n'a trouvé aucun indice de complot, et qui plus tard a été mis en liberté par décision de la Chambre du conseil de Marseille en date du 31 août, sur les réserves qui avaient été faites au ministère public pour prétendue violation de lois sanitaires.

Nous savons que l'arrêt de la Chambre des mises en accusation de la Cour d'Aix a déclaré qu'il y avait, contre Deferrari et les cinq passagers du *Carlo-Alberto*, des indices de participation à un complot contre le gouvernement; mais nous savons aussi que le mot *indices* n'est point synonyme de *preuves*.

Qu'on lise l'arrêt :

« Attendu que des pièces et de l'instruction de la procédure il « résulte des *indices suffisans* qu'un complot a été formé..... que la « résolution d'agir a été concertée et arrêtée entre plusieurs personnes « dont les unes étaient en France, principalement à Marseille, les « autres en Italie, où elles étaient en rapport direct avec la duchesse « de Berry, qui habitait alors les états du duc de Modène;

« Que ce complot a reçu, de la part de ceux qui y participaient en « Italie, un commencement d'exécution en ce que, ayant nolisé à « Livourne le bateau à vapeur le *Charles-Albert* pour la prétendue « destination de Barcelonne, et étant partis de ladite ville de Livourne « le 24 avril dernier au soir, ils ont embarqué clandestinement, dans « la nuit suivante, près la plage de *Via-Reggio*, la duchesse de Berry, « qu'ils avaient fait inscrire à Livourne sur les papiers de l'expédi-

« tion sous la fausse dénomination de femme de chambre d'une de « ses anciennes demoiselles d'atours, Mathilde Lebeschu, qui avait « pris elle-même le faux nom de Rosa Staglieno, veuve Ferrari; les « autres personnes embarquées au nombre de douze, soit à Livourne, « soit sur la plage Via-Reggio, ayant aussi caché leurs noms véritables, soit sous des noms supposés, soit sous la fausse dénomination de gens de suite ou de domestiques; le moindre déguisement « ayant été celui du vicomte de Saint-Priest, qui avait remplacé son « nom par le titre de duc d'Almazan attaché à la grandesse d'Espagne; « après quoi ils ont débarqué clandestinement, dans la nuit du 28 « au 29 avril dernier, ladite duchesse de Berry avec six personnes de « sa suite sur la côte occidentale de Marseille, à l'aide d'un bateau « pêcheur qui guettait le passage du *Carlo-Alberto*;

« Que, tandis que ces choses se passaient à bord du *Carlo-Alberto*, « où la duchesse de Berry a laissé pour traces de sa présence son testament et plusieurs pièces de vermeil à ses armes, ceux des individus participant au complot à Marseille, etc. »

Voilà tout ce qui se rapporte, dans l'arrêt de mise en accusation, aux personnes du *Carlo-Alberto*.

Eh bien! tout cela n'est présenté par la Cour royale d'Aix, dont la sentence sur ce point est souveraine, que comme résultant de purs *indices*.

Ah! s'il n'avait pas été, par une sévérité qui n'est point dans les habitudes de la Cour, interdit aux conseils des prévenus de prendre communication de la procédure criminelle avant que la Chambre d'accusation eût prononcé, tout ce qui, dans les gens du *Carlo-Alberto*, a pu paraître suspect à la justice lui aurait été démontré absolument innocent.

Le testament de Madame la duchesse de Berry et quelques pièces de vermeil à ses armes, par exemple, ont été présentés comme traces de la présence de cette princesse à bord du *Carlo-Alberto*.

Un mot, s'il eût été permis de le dire, eût suffi pour détromper la Cour à cet égard.

Le testament est d'une date antérieure aux journées de juillet, et Mlle. Lebeschu, alors demoiselle d'atours de *Madame*, a déclaré qu'il lui avait été remis à cette époque : c'était un dépôt forcé.

Les objets en vermeil, Mlle. Lebeschu a déclaré encore qu'elle les devait à la munificence de Madame la duchesse de Berry. Qu'y a-t-il d'étonnant?

Ces effets ne pourraient être réputés *indices* de la présence de la princesse à bord qu'autant qu'ils seraient de nature à ne pouvoir être séparés de sa personne. Or, il n'est pas même dans l'ordre de la vraisemblance, que l'on ait son testament avec soi; et quel rapport nécessaire peut-on établir entre *Madame* et quelques objets en vermeil ?

Quant au débarquement prétendu de S. A. R. sur la côte occidentale de Marseille, la Chambre des mises en accusation n'a pas même indiqué où elle avait cru en retrouver la trace; elle se garde bien surtout de désigner le point où elle aurait pris terre : l'administration a-t-elle jamais pu l'indiquer elle-même ?

A la vérité, on parle d'un bateau pêcheur qui guettait le passage du *Carlo-Alberto*, et sur lequel *Madame* aurait été transbordée : si le fait a seulement quelque vraisemblance, d'où vient donc que ceux qui menaient ce bateau ne figurent point au procès comme complices?

Si quelques personnes du *Carlo-Alberto* ont été transbordées en mer, le journal du bord indique qu'elles le furent à la hauteur du cap *Creux* en Espagne, non dans la nuit du 28 au 29, mais dans celle du 29 au 30, après une tempête qui leur fit désirer de se soustraire aux dangers de la mer; et une décision de la Chambre du conseil de Marseille a confirmé ce fait en déclarant qu'il n'y a pas lieu à suivre contre le capitaine Zahra, dont elle a ordonné la mise en liberté définitive, sans que M. le procureur du roi y ait formé opposition.

Comment traiter de clandestin l'embarquement qui a eu lieu à Via-

Reggio de quatre personnes demeurées en arrière? N'arrive-t-il pas tous les jours que des voyageurs retardataires s'efforcent de rejoindre partout où ils peuvent, ou en tel endroit convenu à l'avance dans cette prévision?

L'imputation faite aux passagers d'avoir caché leurs noms véritables sous des noms supposés ou sous la fausse dénomination de gens de suite, n'est pas moins vaine. Assurément, M. le vicomte de Saint-Priest, grand d'Espagne, et se rendant en Espagne sous un passeport espagnol, ne pouvait guère voyager dans ce pays sous un autre titre que sous celui de duc *d'Almazan* qu'il tenait de Sa Majesté Catholique; et si l'agent espagnol auquel M. le duc d'Almazan s'est adressé à l'effet d'avoir des passeports pour trois personnes de sa suite ainsi que pour lui-même, n'a point jugé nécessaire d'y insérer les noms de MM. de Kergorlay, Sala et Bourmont, pourquoi attacher à ce fait une si grande importance?

Enfin, la supposition que la destination de Barcelonne était une destination prétendue se trouve réfutée victorieusement par les faits de la navigation même. On a été jusqu'à Roses, toutes les pièces du bord le constatent; et quand les gens du *Carlo-Alberto* affirment que le voyage a été rompu, sur la proposition des passagers, à cause de la longue quarantaine qui les attendait au terme, en l'état des craintes du choléra-morbus, ils ne disent rien qui ne soit très croyable et très vrai: Deferrari, surtout, qu'avait-il de commun avec tout cela?

Il n'a connu les passagers que par leurs passeports, et l'on se rappelle que tout ce qui se rapporte à l'acte de nolissement a été traité par un courtier, en sorte qu'il n'a eu à donner que sa simple signature.

Quoi qu'il en soit, en jugeant qu'il y avait *indice* suffisant de complot, la Cour n'a point prétendu caractériser définitivement les faits. Ce n'est qu'au jury si la procédure a lieu contradictoirement, ou aux magistrats qui doivent en tenir la place si elle a lieu par défaut, mais toujours en présence d'une instruction complète, qu'il appartient de donner aux circonstances qui leur paraîtront certaines le nom que les débats leur auront imprimé. Alors la connaissance de la procédure aura mis les conseils des prévenus dans la possibilité d'expliquer de point en point tout ce qui, dénaturé par de fausses interprétations, a pu paraître d'abord un indice.

Tous les degrés et toutes les attributions sont réglés d'une manière invariable dans la législation criminelle, et il ne peut jamais être permis de les confondre.

La Cour royale d'Aix ne pouvait point sortir du cercle étroit dans lequel elle était enfermée, et elle ne l'a pas fait.

Donner à sa décision un autre sens, ce serait aller non seulement contre les principes, mais encore contre le témoignage des faits. En voici une preuve : à raison du transbordement prétendu de *Madame*, du *Carlo-Alberto* sur un bateau pêcheur qui l'aurait reçue en mer, la Chambre des mises en accusation, en prononçant qu'il n'y avait point d'indice suffisant de complot contre le capitaine Zahra, avait néanmoins concédé au ministère public acte de ses réserves pour le poursuivre comme coupable de violation des lois sanitaires.

Le capitaine Zahra ayant demandé à la Chambre du conseil de Marseille d'être mis en liberté provisoire sous caution, sur cette demande faite le 27 août, est intervenu, le 31 du même mois, une décision de la Chambre du conseil qui l'a mis en liberté définitive, attendu qu'il n'y avait point d'indices suffisans que le transbordement qu'on lui reprochait eût eu lieu, et qu'il n'y avait point eu conséquemment de sa part violation des lois sanitaires.

Ce fait répond à tout : il démontre si les charges coarctées dans l'arrêt du 6 août reposent sur autre chose que des présomptions, et sur quelles présomptions !

Or, s'il est certain qu'il n'existait, en l'état de l'arrêt du 6 août, que des *indices* de culpabilité contre les passagers et le directeur du *Carlo-Alberto*, comment peut-on affirmer, comment surtout l'arrêt de la

Cour de cassation a-t-il pu admettre que ce navire ne portait à son bord que des conspirateurs? Depuis quand donc, aux yeux des magistrats, de simples prévenus sont-ils assimilés à des coupables? Peut-il jamais être permis de regarder de faibles présomptions comme des preuves?

Et cependant c'est sur ce renversement d'idées que repose toute la puissance des motifs de la Cour suprême pour justifier l'arrestation des prévenus.

Remarquons qu'elle n'a point accepté les faits tels qu'ils avaient été posés d'une manière souveraine par la Chambre des mises en accusation d'Aix. Cette Cour avait dit qu'il y avait contre Deferrari et les passagers des *indices suffisans d'un complot;* la Cour de cassation, au contraire, prétend *que la Chambre des mises en accusation a déclaré, en point de fait, qu'un complot avait été formé, etc.*

Ce rapprochement suffit pour mettre en relief la différence qui existe entre l'une et l'autre de ces hypothèses; elles sont séparées par toute la distance qui se trouve entre le doute et la certitude.

Il n'y avait que des présomptions plus ou moins incertaines de culpabilité contre les gens du *Carlo-Alberto;* ils ne pouvaient donc pas être arrêtés sous ce prétexte, car si un motif semblable pouvait justifier l'invasion d'un navire portant pavillon d'une puissance amie, que deviendraient les immunités du droit des gens?

Et il faut observer ceci : ce qu'on a présenté plus tard comme indices de complot n'existait point encore au moment où l'on a arrêté le *Carlo-Alberto;* ces prétendus indices n'ont été livrés à l'instruction que par l'arrestation elle-même.

Il est positif que lorsque le *Sphinx* s'empara du *Carlo-Alberto*, loin de penser, comme l'arrêt du 6 août l'a admis plus tard, que *Madame* avait été débarquée sur la côte occidentale de Marseille, on croyait qu'elle se trouvait à bord de ce navire.

Probablement même le gouvernement ne voulait-il alors qu'éloigner des côtes de France une personne dont il pensait que le voisinage pouvait produire de l'ébranlement.

Du reste, on ne connaissait aucun des voyageurs que l'on arrêtait; on ne sut leurs noms que quand ils le dirent eux-mêmes à leur premier interrogatoire, huit jours après leur arrestation.

Tant il y a qu'il n'existait pas même de prévention légale contre les gens du *Carlo-Alberto* quand ils furent obligés de se réfugier à La Ciotat, et que, s'ils ont été saisis, ce ne peut être que sur un simple soupçon.

Or, est-il au monde quelqu'un qui pût supporter l'idée de l'arrestation d'un navire sous pavillon ami, faite sur un fondement aussi léger et aussi arbitraire?

C'est donc à tort qu'on a prétendu justifier le traitement fait aux passagers et au directeur du *Carlo-Alberto*, en affirmant, comme reconnu par la cour d'Aix, qu'il portait des conspirateurs.

Mais allons plus loin: pour épuiser la discussion autant qu'il est possible, consentons un moment à supposer comme certain, ainsi que l'a fait la Cour de cassation, ce qui n'a été avancé que comme douteux par la Cour d'Aix; il n'en résultera point encore que le *Carlo-Alberto* ne dût jouir du privilége de sa nationalité, et qu'il fût licite d'arrêter à son bord les personnes déclarées hostiles.

En quoi consiste en effet la nationalité d'un navire, si ce n'est dans son assimilation à un territoire?

Or, dira-t-on que, par cela seul que des hommes conspirent sur le territoire d'une puissance étrangère amie, on est en droit de l'envahir pour s'emparer des conspirateurs?

Non, sans doute, on ne l'oserait.

Vatel (*Droit des Gens*, pag. 303) n'admet point cette considération comme pouvant autoriser un acte aussi énorme. « On ne peut, « sans faire injure à l'état, » dit-il, « entrer à main armée sur *son territoire pour y poursuivre un coupable et l'enlever....* »

Les droits de souveraineté de la nation ou du prince auxquels appartient ce territoire s'opposent à ce que l'état qui se croit offensé ou menacé par quelques hommes se fasse justice à lui-même.

Outre le droit qu'a le gouvernement contre lequel on conspire de se tenir sur ses gardes et de surveiller de près une entreprise qu'il redoute, il a toujours celui de s'adresser au gouvernement sur le territoire duquel se trame le complot, pour exiger qu'on le venge, sous peine de lui déclarer la guerre.

Voilà la marche indiquée par le droit des gens.

Dans l'hypothèse toute gratuite où les faits présumés seulement par la Cour d'Aix auraient eu quelque réalité, qu'importe que les passagers du *Carlo-Alberto* fussent munis de passeports sous des noms supposés? Qu'importe qu'ils eussent simulé un voyage à Barcelonne, tandis qu'ils avaient le projet de débarquer sur la côte occidentale de Marseille? Qu'importe que ces actes fussent le résultat d'un complot bien caractérisé, et qu'ils eussent même trouvé de la connivence dans la personne de Deferrari, directeur du navire? Qu'est-ce que cela prouverait, si on pouvait l'admettre? Une seule chose : c'est que le *Carlo-Alberto* portait à bord des hommes hostiles au gouvernement français. Mais cela ne ferait pas et ne pourrait pas faire que le navire n'appartînt toujours à une nation amie, qu'il ne fût la prorogation du territoire de Sardaigne, et qu'il n'eût dû jouir de tous les priviléges inhérens à sa nationalité.

Il n'est qu'une simulation dont la preuve constatée eût pu le dépouiller de ces prérogatives.

C'est le cas où le pavillon sarde n'aurait pas été sincère, où le bâtiment n'aurait eu que l'apparence d'une propriété sarde, lorsque, dans le fait, il aurait appartenu à des nationaux français.

Dans ce cas, plus d'immunités du droit des gens; rien n'aurait pu empêcher l'arrestation.

Mais ce cas est-il le nôtre? Peut-il exister un doute sur la nationalité du *Carlo-Alberto?* L'acte constatant cette nationalité se trouvait à son bord quand il a été saisi, et il est en ce moment entre les mains de la justice.

Ce n'est donc que par un abus de mots qu'on rendrait le navire solidaire des desseins présumés de quelques-unes des personnes qu'il portait, qu'on l'identifierait avec elles, qu'on l'appellerait enfin un navire *ennemi.*

Il ne peut jamais dépendre des actes de quelques particuliers de faire disparaître un droit qui tient à la souveraineté d'un prince ou d'une nation.

Le gouvernement français l'a bien senti.

C'est pourquoi il n'a pratiqué qu'une arrestation, il n'a pas prétendu avoir fait une capture.

Si le *Carlo-Alberto* lui avait paru un navire *ennemi*, dans le sens légal qu'on doit attacher à ce terme, il aurait considéré sa saisie comme une prise maritime, et l'équipage qui le montait comme prisonnier de guerre.

Peut-être a-t-il eu quelque velléité d'en agir de la sorte au commencement, mais il a eu bientôt la conviction qu'il ne pouvait persévérer dans ce système.

L'équipage a été relâché par ordre supérieur, après avoir subi, à titre de témoignages, tous les interrogatoires de la justice.

Le navire, placé d'abord sous la garde de la marine, a été remis plus tard absolument à la disposition des tribunaux.

M. de Lucchi, représentant du propriétaire du *Carlo-Alberto*, ayant fait signifier à M. le préfet du département des Bouches-du-Rhône, comme possédant les actions actives et passives du gouvernement, par exploit du 9 juillet, que, faute par lui de faire restituer ce navire, *il se pourvoirait devant le tribunal compétent;* trois jours après, le 12 juillet, sur un réquisitoire de M. le procureur-général, intervint une ordonnance de M. le premier président portant que le bâtiment serait saisi pour rester sous la main de justice, jusqu'à ce qu'autrement il en soit ordonné par qui de droit.

Ce n'est donc, autant qu'on peut s'exprimer ainsi, qu'à titre de pièce *de conviction* (le réquisitoire de M. le procureur-général en fait foi) que le *Carlo-Alberto* se trouve arrêté.

Ainsi il est vrai de dire que ce bâtiment n'était point un navire *ennemi* aux yeux du gouvernement, dans l'acception que la loi attache à ce mot. Le nolissement qui en aurait été fait à quelques personnes qu'on regarderait comme hostiles, ne pourrait lui avoir fait perdre le caractère de sa nationalité réelle, et il devait toujours à ce titre être regardé comme territoire ami.

Le gouvernement français, s'il avait la conviction qu'il portait des conspirateurs, pouvait le faire surveiller d'aussi près que possible; il pouvait, comme il l'a fait, donner ordre au *Sphinx de s'attacher à ses pas comme un corps à son ombre;* il pouvait demander à vérifier, par l'inspection de la patente de nationalité, la sincérité de son pavillon; il pouvait enfin s'adresser à la Sardaigne pour demander qu'on lui livrât ceux qui lui paraissaient coupables, ou qu'on le vengeât d'eux d'une autre manière; mais il ne pouvait s'emparer lui-même du *Carlo-Alberto* et des personnes qui le montaient.

On a assimilé le débarquement ou plutôt le transbordement qu'on suppose avoir été fait de Mme. la duchesse de Berry, à un acte de contrebande de guerre.

Mais ne sait-on pas que lorsqu'il s'agit de lois répressives, on ne doit point procéder par analogie?

La contrebande de guerre c'est l'acte par lequel on porte des armes ou des munitions dans une ville assiégée, ou dans un port en état de blocus.

Ces circonstances se retrouvent-elles dans l'affaire du *Carlo-Alberto?* Où donc y avait-il une ville assiégée ou un port en état de blocus? A-t-on retrouvé sur ce navire, après vingt visites qu'on lui a fait subir, les moindres vestiges d'armes ou de munitions? Nous avons déjà dit qu'il n'y avait à bord que 24 fusils, 4 pistolets, 5 sabres et 120 livres de poudre, pour servir à la défense du navire dans un cas imprévu, suivant une précaution généralement adoptée, et ces objets encore se trouvaient portés sur le manifeste.

Tout rapprochement entre le fait imputé au *Carlo-Alberto* et la contrebande ordinaire serait encore plus forcé.

Non, quand il s'agit de procédure criminelle, l'assimilation n'est jamais permise : peut-elle l'être davantage quand il ne s'agirait purement et simplement que d'appliquer la peine exceptionnelle de la confiscation?

Mais alors, dira-t-on, il faut renoncer au salut de l'état, puisque des conspirateurs peuvent impunément s'avancer contre lui sous l'égide de ces principes.

Conséquence absurde et que nos doctrines n'entraînent pas! Le danger serait qu'on attaquât le gouvernement, et qu'au moment où on l'attaquerait il ne pût se défendre.

Or, nous convenons que dans ce cas il y aurait légitime défense, et que la nationalité d'un navire ne pourrait être un obstacle à l'exercice de ce droit.

La première de toutes les lois c'est celle de la conservation de soi-même, et le soin de se conserver, dit Puffendorf, renferme aussi le soin de se défendre.

Rien ne résiste à la nécessité de se défendre, mais il faut que cette nécessité soit tellement instante qu'on ne puisse conjurer le péril qu'en se faisant immédiatement justice à soi-même.

Quand la violence est là présente et qu'on ne sait jusqu'où elle peut aller, il est certain que ce serait compromettre sa sûreté personnelle que de renvoyer à en poursuivre la réparation par les voies légales.

Le meurtre est un crime affreux, cependant il est permis à celui qui ne peut sauver que par ce moyen sa propre existence.

Mais il doit prouver qu'il a été obligé d'aller jusque là pour se défendre, et qu'il n'a fait que repousser la force par la force.

De même, c'est une violation flagrante du droit des gens d'arrêter un navire portant pavillon ami, pour s'emparer des personnes qui s'y trouvent, sans en avoir obtenu préalablement l'autorisation de la souveraineté à laquelle ce navire appartient.

Cependant, si ce bâtiment surpris vomissait sur le territoire des émissaires, des armes et des munitions pour nourrir le feu de la guerre civile, nul doute qu'on ne puisse le saisir, malgré le principe de la nationalité.

Mais il faudra qu'on prouve qu'on l'a saisi au moment où il exécutait ces actes hostiles.

Est-ce bien là ce qu'on peut alléguer contre le *Carlo-Alberto ?*

En admettant pour un moment comme vrai le transbordement de Madame la duchesse de Berry dans la nuit du 28 au 29 avril, pouvait-on en conclure qu'on fût dans le cas de légitime défense par rapport au *Carlo-Alberto*, quand il s'est présenté le 3 mai suivant en relâche forcée à La Ciotat?

On ne pourrait le soutenir sans se mettre en contradiction avec les principes.

Il s'agissait alors d'un fait consommé et non point d'un fait actuel; rien d'immédiat et conséquemment rien qui appelât des moyens extraordinaires.

Mais il existait encore des conspirateurs à bord! — Il fallait les surveiller et attendre qu'ils missent le pied sur le territoire pour les faire saisir.

Jusque là point de nécessité de violer les règles établies.

« Le droit de défense personnelle, » dit Blackstone (*Commentaire des Lois anglaises*, tom. 5, pag. 519), « ne suppose pas un droit

« d'attaquer, *car on ne doit pas attaquer pour des injures ou passées* « *ou à craindre;* il suffit de recourir, dans ces cas, aux tribunaux de « justice compétens. On ne peut donc légalement exercer le droit de « défense, dans la vue de se garantir, *que dans le cas d'une violence* « *soudaine,* dont il est certain qu'on subira *immédiatement* les dan- « gereux effets, si l'on attend l'assistance de la loi. »

La théorie sur les cas réputés flagrans délits, outre que ces cas ne se retrouvent point dans nôtre affaire, est une théorie de droit criminel ordinaire qui peut bien s'appliquer à des arrestations de personnes sur le territoire, mais qui ne saurait s'appliquer à une arrestation dont la légalité doit trouver sa justification uniquement dans le principe du droit des gens; et si ces principes sont libérateurs quand on admet pour un moment la certitude des faits imputés, que doit-ce être lorsqu'on pense que de ces faits il n'y avait tout au plus que des *indices?*

En vain, pour échapper à la force de ces doctrines, a-t-on avancé qu'au moment où l'arrestation a eu lieu, deux des passagers du *Carlo-Alberto* ont pris terre et se sont échappés sur le territoire français.

Une simple explication fera évanouir ce grief: les gens du *Carlo-Alberto* avaient si peu l'intention de toucher la plage, que le maire de La Ciotat les y engagea long-temps sans qu'on acceptât ses offres. « N'ayant à ma disposition, » a-t-il dit lui-même dans une lettre qu'il a adressée au *Sémaphore* et qu'on trouvera dans les *pièces justificatives,* « aucun moyen pour m'assurer du navire, *je fis de mon mieux* « *pour l'attirer dans le port;* le capitaine y consentit *enfin....* » *Enfin!* le mot est remarquable. Quant aux deux passagers qui prirent terre long-temps après, il n'y avait rien dans ce fait qui dût exciter de la surprise.

Admis à la libre pratique, il était tout simple qu'ils en profitassent. L'un d'eux ayant été déjà faire part à l'autorité de son projet de quitter la voie de mer, annonça qu'il allait continuer sa route par terre;

l'autre déclara qu'il allait voir la ville, et la lettre même du maire de La Ciotat constate *qu'ils débarquèrent, au coucher du soleil, devant le poste de la douane,* sans qu'aucune observation leur fût faite.

Ainsi il est positif qu'on ne pouvait imputer aucun acte répréhensible aux gens du *Carlo-Alberto* au moment où l'arrestation a eu lieu; et que dès lors cette mesure a été destituée du motif de légitime défense qui seul pouvait en justifier l'exécution.

L'allégation de légitime défense de la part du gouvernement suppose d'une manière nécessaire l'attentat de la part des gens du *Carlo-Alberto.*

Ce sont deux termes corrélatifs et qui s'appellent indispensablement l'un l'autre.

Il faut ou les nier tous les deux, ou tous les deux les admettre.

Or, croit-on que, s'il y avait eu attaque de la part des prévenus, on ne les eût pas décrétés d'accusation d'attentat, ou tout au moins de tentative d'attentat?

On ne saurait en douter. Si donc on ne l'a pas fait, c'est qu'on n'a point trouvé de traces d'une agression caractérisée.

Et alors, voici comme nous raisonnons : point d'accusation d'attentat, donc point d'attaque immédiate, donc pas de droit de légitime défense, donc illégalité de l'arrestation, qui n'était point certainement autorisée par de purs *indices* d'un prétendu complot.

Tenons donc pour démontré que, lors même qu'il y aurait eu plus que des indices de culpabilité contre eux, les gens du *Carlo-Alberto* n'auraient pu être saisis à bord de ce navire, et qu'à plus forte raison ils ne devaient pas l'être quand, bien loin d'être convaincus d'un complot avéré, on ne pouvait leur opposer que des soupçons plus ou moins vagues. L'inviolabilité du pavillon sarde devait les protéger.

Mais ce n'est pas tout : ils devaient encore trouver un abri impénétrable dans l'inviolabilité dont ils étaient investis par le naufrage.

Seconde considération tirée du droit des gens. — Inviolabilité du malheur.

Avant d'arriver à Roses, la chaudière du *Carlo-Alberto* s'était ouverte de manière à donner des craintes sur l'issue du voyage : cela est si vrai qu'à peine rendus sur ce point, on pria M. Bonnet, vice-consul de France et de Sardaigne, d'envoyer chercher les ingrédiens nécessaires pour former un mastic propre à réparer la fissure qui s'était déjà manifestée, ingrédiens qu'il fallut aller chercher à Ampurias, distant de plusieurs lieues de Roses. La chaudière fut raccommodée tant bien que mal, mais elle ne tint pas quand on fut reparti.

L'influence des avaries essuyées recommença peu à peu à se faire sentir. Le mauvais temps, la mer furieuse et le roulis qui en était la suite, survenant par dessus tout, détraquaient de plus en plus la machine.

Pour comble de malheurs, par l'effet des retards que mille contre-temps avaient occasionés à la navigation, le charbon manquait et le bois, dont on se servait à la place, ne donnait point une vapeur suffisante pour pouvoir aller.

Enfin, au milieu de toute cette détresse, et comme pour l'achever, la chaudière vint à se crever tellement que l'eau en ruisselait et éteignait le feu.

Il fallait périr ou se décider à demander secours.

C'est pour cela qu'on se mit à serrer la côte et qu'on alla s'arrêter en vue de La Ciotat.

Les gens du *Carlo-Alberto* venaient demander une ancre de salut; on eut l'air de leur offrir un abri, mais au delà du port on leur avait ménagé un écueil.

On feignit de leur tendre une main secourable, mais on se préparait de l'autre à leur enfoncer un poignard dans le cœur.

On parut vouloir leur donner l'hospitalité, mais c'était pour en méconnaître tous les droits.

Le maire de La Ciotat (un magistrat! et il a osé s'en vanter dans une lettre devenue publique!) ne dédaigna point de leur présenter l'amorce d'un trompeuse espérance au bout de laquelle, dans sa pensée peut-être, devait se trouver la mort.

Cela ne rappelle-t-il pas trop les manœuvres de ces hommes, dénoncés aux lois par l'indignation universelle, qui allument des feux sur les rescifs pour y attirer et y faire briser les malheureux navigateurs?

Le fait est que, pendant qu'on offrait à l'équipage du *Carlo-Alberto* les moyens de réparer ses avaries, et qu'on le pressait d'entrer pour cet objet dans le port, on prévenait en secret l'administration supérieure d'envoyer une force suffisante pour s'en saisir.

On supposait, dira-t-on, que le *Carlo-Alberto* était une conspiration organisée.

Qu'importe? Alors même que ce qui n'était qu'un soupçon eût été une certitude réelle, le droit des gens s'opposait à ce que l'on abusât du malheur d'un naufrage pour assouvir des haines politiques.

Par un sentiment d'humanité qui a force de loi chez toutes les nations civilisées de la terre, le malheur opère de plein droit une trève entre les ennemis les plus irréconciliables.

La voix de la nature, plus forte que la voix des passions, crie trop haut pour qu'on ne l'entende pas : *Les malheureux sont sacrés.*

Cette loi, écrite dans le cœur de tous les hommes, fut faite pour les victimes des vents et des flots ; elle ordonne de rendre ce qui était livré par la fureur des vagues.

C'est sous l'inspiration de ces nobles pensées que les publicistes dignes de parler au monde ont attaqué avec tant de force l'usage, subsistant encore de leur temps dans quelques pays, de s'emparer des débris des naufragés.

« Dans ce temps-là (celui de l'invasion des Barbares), » dit Montesquieu, « s'établirent *les droits insensés* d'aubaine *et de naufrage. Les « hommes pensèrent que les étrangers ne leur étant unis par aucune « communication du droit civil, ils ne leur devaient, d'un côté, aucune « sorte de justice, et de l'autre, aucune sorte de pitié.*

« Mais les Romains qui faisaient des lois pour tout l'univers, en « avaient fait de très humaines sur les naufrages; ils réprimèrent à « cet égard les brigandages de ceux qui habitaient les côtes, et, ce « qui était plus encore, la rapacité de leur fisc. » (*Esprits des Lois*, liv. 21, chap. 17.)

Grotius (*Du Droit de la Guerre*, liv. 2, chap. 7, § 1) s'exprime avec la même générosité.

L'article de l'ordonnance de la marine qui autorisait la confiscation au profit du roi *des effets échoués ou naufragés appartenant aux ennemis de l'état*, avait été conçu dans cet esprit d'intérêt rétréci que blâment les publicistes dont nous venons de citer les noms honorables.

La France a bien pris sa revanche depuis en insérant dans sa législation particulière tous les résultats des lumières et de la civilisation croissantes.

Les dispositions du droit des gens tendent à s'humaniser toujours davantage, à mesure que les rapports des nations deviennent plus fréquens.

L'abolition complète du droit d'aubaine dont notre patrie a donné l'exemple, le concours empressé qu'elle a accordé pour faire disparaître la traite des noirs, la destruction du droit de course qu'elle poursuit avec constance, témoignent hautement qu'il est dans son esprit de laisser tomber en désuétude tout ce qui, dans des réglemens anciens, ne serait plus en harmonie avec la douceur de ses réglemens nouveaux.

Or, est-il rien de moins généreux que de retirer du malheur d'un ennemi tous les avantages que l'on retire de sa victoire?

La jurisprudence, comme nous aurons occasion de le remarquer plus bas, a consacré cette doctrine.

Si donc c'est un sacrilége de profiter de la détresse d'un homme pour s'emparer de son bien, que faudra-t-il dire de l'acte par lequel, à la faveur de circonstances déplorables, on se sera emparé de sa personne pour le jeter dans les fers?

La considération d'une hostilité préexistante ne doit entrer pour rien dans la manière d'envisager une position pareille.

Ce n'est point, en effet, en qualité d'ennemis, c'est comme opprimés par la fortune que de malheureux navigateurs se présentent.

Des hommes dont le vaisseau fracassé a été poussé par la nécessité vers la côte ne viennent point réclamer la pitié les armes à la main : quand on implore du secours, on n'est point hostile.

Il en jugea ainsi ce magnanime Espagnol dont l'abbé Raynal, dans son *Histoire philosophique des deux Indes*, liv. 14, chap. 17, nous a conservé le souvenir.

« Si nous vous eussions pris dans le combat, en pleine mer ou sur « nos côtes, » disait, en 1745, le gouverneur de La Havane au commandant d'un vaisseau de guerre anglais que le mauvais temps avait forcé de se réfugier dans le port de l'île, « votre vaisseau serait à nous « et vous seriez nos prisonniers; mais, battus par la tempête et pous- « sés dans ce port par la crainte du naufrage, j'oublie *et je dois oublier* « que ma nation est en guerre avec la vôtre. *Vous êtes des hommes,* « *et nous le sommes aussi; vous êtes malheureux, nous vous devons de* « *la pitié*. Déchargez donc avec assurance et radoubez votre vaisseau. « Trafiquez, s'il le faut, dans ce port pour les frais que vous devez « payer. Vous partirez ensuite, et vous aurez un passeport jusqu'au « delà des Bermudes. Si vous êtes pris après ce terme, le droit de la « guerre vous aura mis dans nos mains; mais, dans ce moment, je ne « vois dans des Anglais que *des étrangers pour qui l'humanité réclame* « *du secours.* »

Celui qui pensait et parlait de la sorte jugeait bien que des hommes livrés par la tempête n'étaient point pris, et que si on les sauvait, ce ne devait pas être pour les charger de chaînes.

Qu'il y a loin de cette conduite élevée à la conduite que le maire de La Ciotat ne craignit pas de tenir à l'égard du *Carlo-Alberto!*

« N'ayant à ma disposition, » écrivait-il lui-même au *Sémaphore de Marseille* le 19 mai, « aucun moyen pour m'assurer du navire, « *je fis de mon mieux pour l'attirer dans le port.* Le capitaine y consen- « tit *enfin*, et j'en envoyai sur-le-champ l'avis à M. le préfet, en lui « annonçant que le *Charles-Albert* m'avait remis ses papiers, que « j'aurais bientôt sa chaudière, et que mon intention était de *garder* « ces objets jusqu'à nouvel ordre (1). »

Quoi! vous n'avez pas honte d'avouer qu'ayant l'intention d'arrêter le navire, *vous fîtes de votre mieux* pour l'attirer dans le port! Vous ne rougissez pas de convenir que vous vous fîtes remettre les papiers du bord pour les garder! Et quand vous engagiez le capitaine à débarquer sa chaudière afin de la faire réparer, c'était, non pour lui permettre de continuer sa route, mais pour le faire tomber d'une manière certaine entre les mains de la force publique que vous aviez fait avertir! Ah! monsieur, avez-vous songé que vos confidences au *Sémaphore* seraient entendues de la France entière, et que toutes les opinions généreuses, sans distinction, feraient justice du *vilain métier* que vous avez fait là?

Détournons les regards d'un procédé si peu honorable, pour les reporter sur un autre exemple où brille le sentiment des vrais principes du droit des nations.

C'est au moyen d'une erreur cruelle qu'on a imaginé de saisir plus sûrement les personnes qui montaient le *Carlo-Alberto* : tout homme

(1) Voyez la lettre du maire de La Ciotat aux *pièces justificatives*.

ne profite pas d'une erreur, et moins encore ne la fait naître, pour des fins aussi viles.

La *Gazette de France* du 28 mars 1780 rapporte que le capitaine Inglis, anglais, ignorant que le fort de San-Fernando d'Omoa n'était plus au pouvoir de sa nation, y aborda. Les Espagnols, loin de mettre à profit son erreur, eurent la générosité de l'y laisser séjourner trois jours, pendant lesquels les commandans respectifs se rendirent de mutuelles visites. Le capitaine Inglis dut même au commandant espagnol les vivres et les rafraîchissemens dont il avait besoin pour gagner la Jamaïque.

On a dit que ces traits étaient des exemples chevaleresques, et que les magistrats devaient se décider non par les exemples de la chevalerie, mais par des lois.

On ignore donc que l'esprit de la chevalerie n'est pas si éloigné de l'esprit qui doit diriger la justice.

La mission de l'une était ce que doit être la mission de l'autre, de protéger la faiblesse contre la force, et le malheur contre la violence qui pourrait en abuser.

L'épée de la chevalerie pourrait donc, sous ce rapport, servir de glaive à la justice.

Mais pourquoi avons-nous cité ces exemples? C'est pour faire connaître comment on a toujours jugé une position semblable à celle des gens du *Carlo-Alberto.*

L'autorité du droit des gens ne résulte pas d'autres titres. La loi des nations n'est point une loi écrite par articles. « C'est, » dit Blasktone (*Commentaire des Lois anglaises*, t. v, p. 302), « un système de règles « qu'on peut déduire de la raison naturelle, et qu'un consentement « universel a établies entre les habitans civilisés de la terre.......»

Et plus bas le même auteur ajoute : « Dans toutes les contestations « relatives *aux prises maritimes*, *aux naufrages*, aux ôtages, aux traités « de rançons, il n'y a pas d'autres règles de décisions que cette grande

« loi universelle, *déduite des faits conservés par l'histoire, et de l'usage,*
« *et des écrits d'auteurs de toutes les nations et de toutes les langues*
« *généralement admis et approuvés.* »

D'autres monumens, moins brillans que ceux dont nous avons retracé le souvenir plus haut, mais tout aussi concluans pour la doctrine que nous soutenons, pourraient être rappelés à l'infini.

Qu'il nous suffise de citer, pour compléter toutes les autorités qui précèdent, l'article 3 de la loi du 29 nivose an 6, lequel, prohibant les ports de France à tout bâtiment étranger, fait pour eux une exception dans le cas de *la nécessité de la relâche*, et ordonne qu'*ils seront tenus de sortir aussitôt que les causes de la relâche seront cessées.*

Si donc l'ennemi déclaré, livré par la tempête ou par un accident commun à tous les partis, est absous par le malheur et doit être rendu à la liberté, de quelle sécurité ne doivent point jouir ceux contre lesquels on ne peut prétexter que d'une suspicion plus ou moins légitime!

Les personnes qui montaient le *Carlo-Alberto* ne demandaient point qu'on poussât en leur faveur la courtoisie jusqu'à ses dernières limites; mais était-ce s'attendre à trop que d'espérer qu'on voudrait bien leur fournir les moyens d'échapper à un naufrage imminent, et de parvenir jusqu'à Nice où ils avaient le projet d'aller?

Et, sur ce point, qu'il soit permis de dire en passant que leur projet de se rendre de Roses à Nice ne pouvait être révoqué en doute; les papiers de bord qui avaient été révisés dans ce premier port attestent la vérité de cette destination. L'arrêt de la Cour d'Aix le reconnaît et le proclame.

Quels que fussent d'ailleurs ses soupçons à l'égard des personnes que portait le *Carlo-Alberto*, l'administration n'avait qu'une seule chose à faire : c'était de vérifier si ce navire était réellement dans le cas d'une relâche forcée.

Dans le cas de l'affirmative, on ne pouvait se dispenser de le laisser se réparer pour arriver au terme de son voyage; sinon, on était en droit de lui ordonner de s'éloigner à l'instant.

Le tout sans préjudice de la surveillance à laquelle on pouvait le soumettre en tout état de cause.

Mais jamais, sur de simples appréhensions, il ne pouvait être permis de s'en emparer brutalement comme on l'a fait.

Le point dominant de l'affaire, c'est que le *Carlo-Alberto* et les personnes qu'il avait à bord étaient inviolables, une fois cette circonstance établie qu'ils avaient été poussés à La Ciotat par un sinistre, quelles qu'eussent pu être primitivement leurs intentions.

Or, ce fait est prouvé d'une manière rigoureuse.

Il faut être bien entraîné par l'ardeur de la controverse pour avoir avancé que ce n'était *pas malgré lui* que le *Carlo-Alberto* était venu demander du secours.

Comment le prouve-t-on?

« S'il avait voulu aller à sa destination supposée, à Barcelonne, dit-« on, il avait assez de combustible à bord; sa relâche a été forcée, « mais forcée à l'occasion du délit qu'il voulait commettre en com-« muniquant avec les conspirateurs de Marseille, par suite du temps « qu'il avait employé à le commettre : il est resté à La Ciotat par « l'impossibilité de s'évader. Ne serait-il pas facile de simuler un « cas de relâche forcée en se laissant à propos manquer de charbon? « C'est le cas du contrebandier surpris par les douaniers, et qui pré-« tend être échoué par accident quand c'est par fraude. » (*Discours de M. Dupin à la Cour de cassation.*)

D'abord, la destination du *Carlo-Alberto*, lorsqu'il s'est présenté à La Ciotat, n'était point pour Barcelonne; les papiers du bord indiquaient qu'il allait à Nice, venant de Roses : l'arrêt d'Aix l'a reconnu d'ailleurs.

Serait-il vrai ensuite qu'il eût manqué de charbon parce qu'il l'aurait consumé en attendant l'occasion de se mettre en contact avec

Marseille? C'est là une pure allégation dont on ne peut donner la preuve.

Le *Carlo-Alberto* a manqué de combustible, parce qu'il n'en avait chargé que tout juste ce qu'il fallait, en partant de Livourne, pour aller à Barcelonne, sans compter sur les retards que pourrait occasioner le mauvais temps.

Arrêté par deux jours et demi de vents contraires, obligé de relâcher d'abord à Nice, puis à Roses, il ne trouva point là à renouveler ses approvisionnemens. Peut-on comparer le peu de capacité des magasins de charbon d'un petit navire de 120 tonneaux, avec ceux du *Sphinx* ou d'autres grands bâtimens de l'état?

Le charbon manquait sans doute, mais ce qui surtout empêchait le *Carlo-Alberto* de continuer son voyage, c'est l'état de ses chaudières dont on ne dit pas un mot.

C'était cependant le point important de l'affaire, et il est établi incontestablement.

Avant de relâcher à Roses, l'une des chaudières s'était entr'ouverte; on l'avait réparée dans ce port, mais les avaries s'étaient reproduites dans la nuit du mercredi 2 au jeudi 3, et l'on peut voir écrit sur le journal de bord à cette même date :

« La chaudière recommence à perdre l'eau. Le matin du jeudi la « chaudière s'ouvre et perd l'eau au point d'éteindre le feu. Le ma- « chiniste déclare qu'il ne peut plus continuer le voyage *avec cette* « *avarie* et ce manque absolu de charbon. »

L'on peut invoquer à l'appui de ce document l'autorité d'un fait certain : c'est qu'à Ajaccio, les mécaniciens du *Sphinx* et du *Nageur* s'étant réunis pour consulter sur l'état de la chaudière du *Carlo-Alberto*, jugèrent qu'elle ne pouvait plus servir, et qu'ayant essayé de la raccommoder, ils y travaillèrent pendant trois jours sans pouvoir faire autre chose qu'une réparation imparfaite.

Enfin, même après tous ces travaux, la machine est encore tellement détraquée, qu'à son inspection on peut juger facilement qu'elle n'était plus propre à faire son service.

Si l'on a donné à entendre que le *Carlo-Alberto* avait pu simuler une relâche forcée en se laissant à propos manquer de charbon, osera-t-on dire que la dégradation de la chaudière aurait pu aussi être factice? Il paraît que l'on en avait eu la pensée, et voici ce qu'on lit dans un procès-verbal dressé par les autorités judiciaires de Toulon le 17 mai, publié ensuite par le *Moniteur:*

« Le sieur Rébaud, 1er mécanicien, grade adjudant, s'est rendu le « 5 mai en Corse, dans la matinée, pour examiner la machine du « *Carlo-Alberto*, qui, comme on sait, avait été remorqué dans le port « d'Ajaccio.

« Le mécanicien, » dit le sieur Rébaud, » m'a montré des brisures « dans les deux fourneaux de tribord pouvant occasioner des fuites « d'eau considérables. Ces brisures lui ont paru, à lui sieur Rébaud, « avoir *été faites par la vétusté*, et n'être pas le fait de l'homme. En « cet état, » ajoute le sieur Rébaud, « le bateau n'était pas navigable. »

Nous compléterons toutes les justifications qui peuvent attester la nécessité de la relâche à La Ciotat par la déclaration suivante de M. Janvier, commandant du *Nageur*. (Voir les *pièces justificatives*.)

« J'atteste les faits suivans :

« J'ai fait travailler (à Ajaccio), ainsi que l'ordre m'en avait été « donné, aux réparations des chaudières du *Carlo-Alberto*; et moi- « même je me suis rendu à ce bord pour prendre connaissance des « dommages.

« J'ai reconnu que les parois intérieures de la chaudière (les surfaces « de chauffes) étaient fortement bombées, et qu'une d'elles, dans « une de ses parties, était crevée par déchirure, et non pas *par cou-* « *pure*, comme on l'a prétendu. Les bords de cette déchirure parais- « saient tels *que si on eût pu les rapprocher, ils se seraient bien con-* « *venus; ils étaient évasés de dedans en dehors*, et *il ne m'a paru*

« *manquer aucune des parties du métal que le travail d'une lime ou* « *d'un burin eût pu retrancher.*

« *Il n'y a, selon moi, que l'effet d'une pression ordinaire et de l'u-* « *sure de l'appareil qui ait pu donner lieu à cet accident.*

« On ne doit pas supposer, non plus, que la chaudière ait crevé par « suite d'une augmentation de pression inhabituelle obtenue dans ce « dessein; les suites en eussent été trop cruelles pour les chauffeurs, « qui n'y auraient certainement pas consenti, *et trop dangereuses* « *pour le navire même, dont la destruction totale pouvait également en* « *être le résultat.* Au reste, sans recourir à des moyens aussi dange- « reux, on avait la faculté de paralyser la machine en détruisant une « des petites pièces du mécanisme mouvant : *sans être mécanicien,* « *il était facile d'imaginer un pareil moyen et de l'exécuter.*

« Il paraît enfin qu'il y avait force majeure de relâcher, puisque le « navire ne possédait plus ni charbon ni vivres, et qu'ainsi le *Carlo-* « *Alberto* était hors d'état de faire route assez long-temps *pour gagner* « *tout autre port que l'un de ceux de la côte de France,* etc... »

Il est donc démontré, autant qu'il peut l'être, que si le *Carlo-Alberto* s'est approché des côtes de La Ciotat, c'est pour éviter de périr au milieu des flots.

Après cela, qu'on incrimine tant que l'on voudra la pensée de ceux qui étaient sur son bord; qu'on les accuse d'avoir opéré un transbordement dont on n'a jamais pu découvrir de traces, que la Chambre du conseil de Marseille a regardé comme n'étant point établi; qu'on leur impute d'avoir trempé dans un complot dont ils ignorent encore l'existence : tout ce qu'on pourra dire n'empêchera point que lorsque le navire s'est présenté à La Ciotat, il ne venait que pour demander du secours.

Dès lors le droit des gens les couvrait d'un bouclier impénétrable à la violence; il élevait autour d'eux un mur d'airain; il les marquait, pour ainsi dire, d'un sceau d'inviolabilité.

Leur arrestation n'était donc point possible.

Ce n'est point la première fois que ce système a été soutenu devant des juges français ou étrangers, et le succès qu'il a obtenu, à travers tous les orages de la politique, est un garant de celui qu'il doit obtenir encore.

En l'an 9, le navire *la Diana*, navigant sous un pavillon prussien, alors ennemi, se réfugia dans le port de Dunkerque pour échapper à une tempête.

Il fut question de savoir s'il était de bonne prise.

Peut-être eût-on pu révoquer en doute la nationalité du bâtiment; mais le commissaire du gouvernement s'éleva à des considérations d'un ordre supérieur:

« Un motif plus puissant, » dit-il, « doit déterminer l'annulation « de la prise; c'est le respect dû aux malheureux. *La Diana* a été « jetée sur nos rivages par la tempête; c'est pour se soustraire à un « péril imminent qu'elle a cherché un asile dans un port français; le « danger qui détermine sa relâche lui promettait sur nos côtes pro- « tection et sûreté, cependant on viole à son égard le droit de pro- « tection et d'asile.... L'exercice d'une pareille rigueur est contraire « au *droit des gens, à nos lois, à l'usage constant des nations*..... Je « croirais manquer à mon caractère et au conseil près duquel j'ai « l'honneur de représenter le gouvernement, si j'insistais davantage « sur des principes aussi solennellement consacrés par nos lois et « par celles de tous les peuples. Que la loyauté déployée dans toutes « les circonstances par le gouvernement français serve de base à votre « décision; prouvons qu'il est toujours généreux et juste. »

Le conseil refusa de valider, par ces motifs, la prise du navire *la Diana*. (Jurisprud. de Dalloz, au mot *Prises maritimes*, pag. 352.)

Autre arrêt non moins remarquable :

En 1821, la révolte éclata à Turin; le roi Victor-Emmanuel abdiqua; une guerre s'engagea entre les conjurés qui s'étaient saisis de l'autorité et Charles-Félix, appelé à recueillir les effets de l'abdication.

Les conjurés furent battus à Novarre. Les chefs, au nombre desquels se trouvait le chevalier Palma, prirent la fuite, et lui-même s'embarqua à Gênes pour se rendre en pays étranger. La tempête le força à aborder à Monaco, où la Sardaigne tient garnison. Fait prisonnier, il protesta contre son arrestation et invoqua les droits du naufrage.

Le 19 juillet 1821, *la commission royale* instituée pour juger les auteurs et complices de cette révolte rendit son arrêt; suivant l'usage il n'est pas motivé, mais sur le document qui a été produit au procès actuel, à la suite du nom de M. le chevalier Palma, lequel se trouve en tête de dix-huit autres, on lit ces mots : « *Arrêté dans les dépen-* « *dances et près de Monaco par suite d'une bourrasque et en péril de* « *naufrage.* » Plus bas, et à la suite de la condamnation à mort de dix-huit prévenus, on lit : « Ordonne néanmoins de suspendre l'exé- « cution de ladite sentence relativement audit Isidore Palma, et de « le conduire aux confins des états royaux, avec intimation de la « présente sentence et avertissement que s'il y rentre, elle sera « exécutée. »

Qu'on veuille bien remarquer que, quoique convaincu de révolte, Palma fut relâché; que cette disposition fut ordonnée par une *commission spéciale* instituée pour juger les prévenus d'une rébellion; et qu'enfin cela se passait sous un gouvernement absolu!

Qu'on compare ces faits avec ceux relatifs aux gens du *Carlo-Alberto*, et qu'on juge!

Comment ne point ajouter à ces précédens celui relatif aux naufragés de Calais?

On a dit devant la Cour de cassation que cet exemple devait être sans influence, parce que la position des personnes n'était pas la même.

Les naufragés de Calais, a-t-on dit, avaient été réellement jetés sur nos côtes, tandis que les gens du *Carlo-Alberto* y sont venus de leur plein gré : les premiers n'avaient point servi contre la France, tandis que les seconds venaient y allumer la guerre civile.

La réponse à ces imputations se trouve dans ce que nous avons dit plus haut.

Les pièces du bord, aussi bien que l'arrêt de la Cour d'Aix, prouvent que les gens du *Carlo-Alberto* allaient à Nice, comme les naufragés de Calais pouvaient aller aux Grandes-Indes, lorsqu'un naufrage pour les uns, et une relâche forcée pour les autres, les contraignit de s'approcher de la terre.

Que la relâche ait été forcée pour les gens du *Carlo-Alberto*, c'est ce que l'on ne peut révoquer en doute, après les justifications que nous avons données.

Ainsi, par rapport à ceux-ci, comme par rapport à ceux-là, il n'y avait aucun délit actuel lié intimement à leur sinistre, qu'on pût leur reprocher.

Tout se bornait pour les uns, comme cela se borne pour les autres, à une accusation fondée sur des faits antérieurs à la fortune de mer.

Or, croit-on qu'aux yeux de la loi le parallèle fût en faveur des naufragés de Calais ?

Des registres de service qu'on avait trouvés parmi les débris du naufrage attestaient que plusieurs des *soi-disant naufragés* (c'était ainsi qu'on les appelait alors) avaient porté les armes *contre la France* avant de s'engager avec l'Angleterre à aller servir dans l'Inde (1).

Un article des lois rendues contre l'émigration prononçait la peine de mort contre tout émigré ayant fait partie de rassemblemens armés qui serait *pris sur la frontière* ou dans un pays ennemi.

---

(1) Voir, entre autres documens sur ce point, un message du directoire du 5 vendémiaire an 4.

Ici nous voyons bien une prévention de complot mise en avant, mais sans indice d'attentat ou tentative d'attentat : point de présomption possible, au moins, *d'avoir marché à la tête des étrangers* pour envahir le pays.

Les émigrés étaient, par le fait seul de leur inscription sur la liste, les ennemis déclarés de l'état.

Quelle est la loi qui avait mis les gens du *Carlo-Alberto* au banc de la France?

S'il y a donc quelque différence entre les deux hypothèses, on conviendra qu'elle n'est point au désavantage de la cause actuelle.

On va voir que les doctrines professées à cette occasion furent les mêmes.

M. de Choiseul, au nom de tous, se défendit avec noblesse. Il fit valoir surtout ces deux considérations : qu'ils avaient navigué sous un pavillon ami de la république, et qu'ils n'avaient touché à la côte de France que pour échapper aux flots. « A ce double titre, » dit-il en se résumant, « de passagers sur un vaisseau marchand neutre et de « naufragés, nous sommes enveloppés d'une double inviolabilité. »

La commission militaire de Calais, se décidant surtout d'après ces deux considérations, rendit le 30 décembre un arrêté par lequel elle sauvait les accusés.

Cet arrêt était en dernier ressort. Le ministre de la justice voulut faire décider qu'il serait sujet à révision, et le déféra à la Cour suprême.

Mais la Cour de cassation, montrant une généreuse indépendance, n'admit point un second degré que la loi ne reconnaissait pas.

Alors le directoire saisit par un message le corps-législatif de la connaissance de cette affaire.

Après bien des délais, les chambres s'en occupèrent enfin, et le rapport en fut fait successivement par Jourdan, des Bouches-du-Rhône, membre du conseil des cinq-cents, et Portalis, membre du conseil des anciens.

« Le jugement de Calais, » dit le premier, « se divise en trois parties « parfaitement distinctes : dans la première, c'est la seule importante, « celle où tout se rattache, la commission a prononcé *sur un fait* « *justificatif et péremptoire, le naufrage.*

« Dans la seconde, elle a surabondamment jugé l'émigration hos- « tile ou les faits de rébellion qui étaient de sa compétence ; *elle eût* « *pu s'en dispenser.*

« Dans la troisième, *elle a, plus surabondamment encore*, renvoyé « la connaissance de l'émigration simple, c'est-à-dire de l'infraction « du ban, dégagée de toute espèce de circonstances, devant les tri- « bunaux criminels.

« Il suffit de la moindre réflexion pour se convaincre que, *dans* « *la première partie, la commission de Calais a tout jugé.*

« C'est un principe incontestable et incontesté en matière crimi- « nelle, qu'un fait justificatif, et surtout *un fait péremptoire*, une fois « admis, prouvé, jugé sans appel, ne peut plus être ni reproduit, « ni contesté. *Si le naufrage légalement justifié est une excuse légitime,* « *que reste-t-il à décider devant les tribunaux?....*

« Que l'innocence du voyage, que la neutralité des vaisseaux da- « nois et la destination pour les Grandes-Indes soient également « prouvées et jugées, tant mieux. Ces circonstances ajoutent à la con- « viction de l'homme; *mais pour le législateur, le juge et les accusés* « *elles sont inutiles : le naufrage satisfait à tout.....*

« Assurément, tout ce que j'ai dit du naufrage *considéré comme* « *fait péremptoire,* on pourrait l'appliquer à la *neutralité* du vaisseau « danois.... *mais votre commission a fermé les yeux sur les moyens* « *inutiles et surabondans, elle n'a jamais voulu voir que le naufrage.....*

« Nos cinquante-trois émigrés ont-ils été pris? Ont-ils été pris sur « la frontière? Non, *la tempête vous en a fait présent.* La mer n'est ni « une frontière, ni un pays ennemi....

« *Des naufragés sont-ils justiciables?* Les accusés sont jugés sans

« doute, *mais ils n'auraient pas dû l'être; sur le procès-verbal des* « *officiers de l'amirauté, il eût fallu de suite les renvoyer: le droit des* « *gens l'ordonne ainsi....*

« *Ni les fureurs réciproques de la guerre civile, ni les lois révolu-* « *tionnaires, ni les ordres du ministère n'auraient dû empêcher la* « *loyauté française de rendre le lendemain à la mer apaisée ce que* « *les flots irrités lui avaient apporté la veille.* »

Sur cet exposé, le conseil des cinq-cents décréta l'urgence, et adopta une résolution par laquelle les naufragés de Calais *devaient être mis en liberté et reconduits hors du territoire.*

Portée au conseil des anciens, Portalis en proposa l'adoption avec cette éloquence de l'ame dont il a laissé de si beaux monumens.

« Le naufrage est constant, » dit-il, « il est convenu. *Ce fait est tel* « *par sa nature qu'il donne la solution de toutes les difficultés, et qu'il* « *écarte l'application de toutes les lois....*

« Si l'émigré est jeté sur nos côtes par une tempête, il ne doit « point être traduit devant la loi, il est absous par la fortune. Je ne « vois point le crime, mais le cas fortuit; je n'aperçois pas la volonté « de l'homme, je ne vois que la fatalité du destin....

« *La nature régit tout, mais l'empire des lois positives est borné à* « *leur territoire;* en quittant le territoire, on cesse d'être soumis à « la souveraineté. Sans doute l'émigré qui, par un retour illicite, « brave les lois qui le bannissent, redevient leur sujet et leur jus- « ticiable; mais s'il est porté sur nos rivages par un accident mari- « time, il n'est point coupable, il n'est que malheureux; il n'appelle « pas la vengeance, mais la pitié; la France doit devenir pour lui, « non un sol dévorant, mais une terre hospitalière; *il demeure sous* « *l'empire de la nature, il ne tombe pas sous celui de la loi.*

« Le malheur a je ne sais quoi de sacré qui, au milieu même des « plus sanglantes hostilités, commande le respect et inspire cette « douce et salutaire commisération que la providence a gravée dans

« le cœur de l'homme pour modérer les passions haineuses, et pour « être comme la sauvegarde de l'espèce humaine.

« N'avons-nous pas assez de nos faiblesses et de nos vices? Faut-il « encore, pour nous rendre plus misérables, nous imputer à délit les « jeux et les accidens de la fortune? Le doux et salutaire empire des « lois ne sera-t-il donc plus que le triste et désespérant empire de la « nécessité? *Et l'injustice des hommes peut-elle jamais être portée à ce « point de scandale, qu'elle veuille mettre à profit la fureur des élémens « pour trouver partout des victimes*, pour accabler des malheureux, « pour porter la désolation et le désespoir dans toutes les ames, et « pour aggraver, par des atrocités réfléchies, tous les dangers impré- « vus qui menacent notre fragile existence sur la terre!....

« *Des hommes naufragés ne sont proprement justiciables d'aucun « tribunal particulier : il ne s'agit pas de les juger, mais de les secourir.* « Ils sont sous la garantie de la commisération universelle ; l'état dans « lequel ils prennent un asile forcé en répond au monde entier.

« *On n'eût jamais dû mettre en jugement des hommes qui avaient « droit à notre humanité, mais qui étaient étrangers à notre juridiction.* « Un acte d'hospitalité était nécessaire, et non un acte de puissance. « *Le naufrage constaté, toute procédure était interdite. La pitié et la « générosité nationales devaient éclater seules. Dans ces momens il « s'opère un retour instantané à l'état de nature qui fait cesser tous les « rapports civils et politiques, et qui ne laisse subsister que ceux dont « la nature même s'est rendue garante entre des êtres de la même espèce.* »

Le conseil des anciens écouta ces paroles dans un recueillement profond, et adopta à l'unanimité les conclusions de son rapporteur qui tendaient à approuver le projet délibéré par le conseil des cinq-cents.

Le cri de la conscience générale fut tel, que le directoire lui-même dut y donner son assentiment, en sorte qu'une loi insérée au bulletin consacra les maximes humaines qui avaient été professées à cette occasion.

En vain, même après le 18 fructidor, essaya-t-on d'abroger cette loi : elle résista aux efforts d'une rétroactivité sanguinaire; et quand ce régime de terreur posthume vint à tomber devant le 18 brumaire, les droits acquits et les principes déjà reconnus reprirent une nouvelle force.

Bonaparte s'empressa de mettre fin aux angoisses des malheureux naufragés, en provoquant un arrêté consulaire qui leur accordait une déportation, objet depuis si long-temps de tous leurs vœux.

Cet acte, en date du 18 frimaire an 8, portait :

« Les consuls de la république, ouï le rapport du ministre de la « police générale;

« Considérant que les émigrés détenus au château de Ham ont fait « naufrage sur les côtes de Calais;

« Qu'ils ne sont dans aucun cas prévu par les lois sur les émigrés; « *qu'il est hors du droit des nations policées de profiter de l'accident d'un* « *naufrage, pour livrer même au juste courroux des lois des malheureux* « *échappés aux flots;*

« Arrêtent : Les émigrés français.... seront déportés hors du terri- « toire de la république. »

Ainsi les principes du droit des gens que nous invoquons, soumis dans une seule circonstance au jugement de toutes les autorités judiciaires, législatives et administratives de la France, reçurent de leurs décisions successives une consécration solennelle.

Les mêmes moyens doivent naturellement amener les mêmes effets; ici, comme là, il s'agit de personnes qui s'étaient embarquées sur un navire étranger portant un pavillon ami, et qui ne se sont approchées des côtes françaises que pour échapper aux dangers imminens d'une navigation fatale.

Il résulte de ces deux faits, d'une part, qu'elles étaient, lorsqu'elles ont été appréhendées, hors du territoire de ce pays; d'autre part, qu'elles avaient été livrées par la fortune; en sorte qu'elles étaient exclusivement sous l'empire de la nature, et point sous celui des lois positives.

Les prévenus ont donc raison de dire qu'ils ne pouvaient être arrêtés, encore moins détenus ou jugés. Ils doivent donc être remis dans la position d'où on les a arrachés, et par conséquent être reconduits sur le territoire sarde.

Ce n'est point là, comme on la dit, *une cérémonie humiliante;* c'est la réparation d'un tort, et nul, que l'on sache, ne saurait trouver de l'humiliation à effacer les traces d'une démarche irréfléchie.

La France ne saurait que se relever dans l'opinion du monde en reconnaissant, par la voix de sa magistrature, les droits de la faiblesse et du malheur.

MESSIEURS,

Deferrari abandonne en toute confiance sa cause à votre justice.

Souffrez qu'il vous rappelle tous les abus de pouvoir dont il a eu à souffrir.

Violation de sa nationalité, en venant le saisir, lui Sarde, sur un navire appartenant à la Sardaigne, puissance amie de la France.

Violation du respect dû au naufrage, en l'arrêtant à l'occasion d'un sinistre qui avait compromis son existence, *et pendant qu'on feignait de lui donner du secours.*

Violation du principe de la propriété, en le spoliant de la possession d'un navire confié à ses soins, en s'emparant d'une somme qui lui appartient, en mettant les scellés partout.

Violation de la liberté individuelle, en détournant un homme inoffensif de la route qu'il suivait, en le transportant d'un lieu à un autre, selon le caprice de ceux qui l'avaient saisi, en le jetant dans une prison militaire, sans lui en faire même connaître les motifs.

Violation enfin des formes protectrices de la justice, en le détenant pendant un grand nombre de jours, sans lui avoir fait signifier préalablement un mandat légal.

Toutes ces illégalités ne peuvent être sanctionnées par les tribunaux.

Magistrats français! une belle succession de décisions généreuses a érigé en maxime reconnue l'inviolabilité du pavillon et du malheur; vous ne répudierez pas l'héritage de ces traditions glorieuses.

L'honneur de votre pays y est attaché.

Conservez-lui le caractère hospitalier que la douceur de ses mœurs lui ont fait.

Que votre arrêt apprenne à toutes les nations que la France n'est point une autre Tauride, et que le glaive confié à vos mains ne saurait servir qu'à faire respecter le droit des gens.

Conclut à ce qu'il plaise à la Cour ordonner la mise en liberté de Deferrari, pour être reconduit sur le territoire sarde.

Faisant, au surplus, toutes réserves pour les droits et actions généralement quelconques qu'il peut avoir à exercer.

A Aix, le 27 septembre 1832.

A. DEFERRARI.

BUREL, *avocat à Marseille.*

POST-SCRIPTUM.

Au moment où nous terminons l'impression de notre mémoire, nous apprenons un fait d'une importance grave pour la cause que nous venons de traiter.

M. le procureur-général près la Cour royale d'Aix, croyant avoir trouvé de nouveaux indices du transbordement prétendu de *Madame*, duchesse de Berry, du *Carlo-Alberto* sur un bateau pêcheur, qui l'aurait ensuite débarquée sur la côte occidentale de Marseille, a présenté un réquisitoire à la Chambre des mises en accusation de la Cour, tendant à ce que cette princesse fût poursuivie avec les prévenus du 30 avril.

Par arrêt de la Cour d'Aix, Chambre des mises en accusation, en date du 28 septembre courant, M. le procureur-général a été débouté de ses conclusions.

Déjà la Chambre du conseil de Marseille, à propos de l'imputation faite au capitaine Zahra d'avoir violé les lois sanitaires en souffrant que ce débarquement s'effectuât, avait déclaré qu'il n'y avait point de traces suffisantes de cette inculpation.

Que deviennent donc, en présence de ces deux décisions, les *indices* du complot auquel les gens du *Carlo-Alberto* sont prévenus d'avoir participé en opérant le débarquement de *Madame*?

Nous laissons à nos juges le soin de faire les réflexions que cette comparaison fait naître en foule.

Leur justice est aussi éclairée qu'impartiale.

PIÈCES JUSTIFICATIVES.

Lettre adressée par M. le maire de La Ciotat à M. le rédacteur du Sémaphore *de Marseille.*

« Monsieur le rédacteur,

« Dans la journée du 30 avril, je reçus par estafette l'ordre d'exercer la plus grande surveillance, d'après les bruits de débarquement sur la côte de La Ciotat. Je communiquai immédiatement par écrit le contenu de cette dépêche à M. le sous-inspecteur des douanes, en lui demandant son concours pour en assurer l'exécution. Dans la matinée du 3 mai, le même ordre me fut donné par la même voie. Je mandai à la mairie le commissaire de police et le maréchal-des-logis de la gendarmerie, pour leur communiquer l'injonction de M. le préfet. A une heure se présenta devant le port *le Charles-Albert*. La vue d'un bâtiment signalé par l'opinion publique, la crainte d'en voir sortir un nombre de gens armés, les dépêches que j'avais reçues, les attroupemens dans les communes voisines, tout me faisait sentir l'importance de mes fonctions; mais, résolu à mourir plutôt que de manquer à mon devoir, je me jugeai à la hauteur des circonstances. Je fis arborer au fort les couleurs nationales, et je me rendis au bureau de santé pour interroger le capitaine Zahra. M. le commissaire des classes me communiqua une lettre du sous-préfet de Toulon, qui lui signalait comme suspect ce bateau à vapeur. C'est la seule pièce officielle dont j'aie eu connaissance à cet égard.

« *N'ayant à ma disposition aucun moyen pour m'assurer du navire, je fis de mon mieux pour l'attirer dans le port. Le capitaine y consentit enfin, et j'en envoyai sur-le-champ l'avis à M. le préfet, en lui annonçant que* le Charles-Albert *m'avait remis ses papiers, que j'aurais bientôt sa chaudière, et que mon intention était de garder ces objets jusqu'à nouvel ordre. Vers quatre heures se présenta à la mairie, sous la conduite d'un garde de santé, un passager qui désirait, me dit-il, se rendre à Toulon avec son domestique. Je promis de viser leurs passeports qu'ils n'avaient pas, et j'ai la certitude qu'ils se rendirent à bord.* Il est donc faux que j'aie pu trouver leurs papiers en règle, et que j'aie dit de les laisser aller librement ; je n'ai certainement pas pris des mesures coërcitives envers eux, parce que je n'en avais ni l'ordre ni le droit ; mais je n'ai rien contremandé des ordres que j'avais donnés, dans la journée même, aux agens de la force publique. J'aurais certainement agi avec maladresse en arrêtant ce passager et en prenant d'une manière ostensible les moyens de m'assurer des autres ; nul doute que *le Charles-Albert* n'eût repris le large.

« *Vers les six heures, le bateau de la douane fut envoyé à bord.* Il est impossible que le lieutenant principal n'ait pas vu les tentures fleurdelisées et les armes de Henri V, qui durent le convaincre que ce navire était le foyer de la conspiration. Pourquoi ne m'en a-t-il rien dit? Pourquoi, *lorsque deux passagers débarquèrent à l'approche du* Sphinx, *au coucher du soleil, devant le poste de la douane, aucune observation ne leur a été faite,* aucun avis ne m'en a été donné, pour que je devinsse en quelque sorte responsable de ces deux individus? Est-ce au maire ou aux agens salariés de l'état qu'est dévolue l'action de la surveillance? L'enquête qui a lieu en ce moment prouvera qu'en cette occasion ma conduite n'a pas été équivoque, et confirmera que l'homogénéité des principes est indispensable dans les diverses administrations. Quant à moi, maire ou non, je rallierai toujours dans mon pays les amis de l'ordre et de la liberté. C'est ce qu'exprime ma proclamation du 5, dont voici la copie :

« Mes concitoyens, des membres d'une famille descendue honteusement et à jamais « du trône se sont présentés dans notre port. Les insensés se comparaient au grand « homme qui n'eut qu'à comparaître pour renverser l'ouvrage de dix rois. Mais « qu'est-ce qu'un titre de naissance sous le règne de la liberté? A l'aspect des élé- « mens de la guerre civile, vous avez frémi d'indignation et vous vous êtes offerts « pour les livrer à la France irritée. Mes concitoyens, vous avez bien mérité de la « patrie, et les coupables qui voulaient reprendre la vieille chaîne sont sous le glaive « de la loi. *Vive le roi des Français!* »

« Tels sont les sentimens que j'exprimais le 5 mai et qui formeront invariablement ma règle de conduite.

« Agréez, monsieur le rédacteur, etc.

« S. Reynier. »

Déclaration de M. Janvier, commandant du bateau à vapeur de l'état le Nageur.

L'an mil huit cent trente-deux et le cinq juillet, par devant Paul-Honoré-Joseph Thouron, notaire royal à la résidence de Toulon, département du Var, et les témoins soussignés;

A comparu M. Louis Janvier, lieutenant de vaisseau en ce port de Toulon, y domicilié et y demeurant, commandant actuellement le bateau à vapeur de l'état *le Nageur*, en rade de Toulon;

Lequel, de son gré, a fait, en présence des quatre témoins ci-après nommés, la déclaration suivante qu'il a requis de transcrire dans le présent acte ainsi qu'il suit:

« Je suis informé qu'il circule des bruits mensongers ou inexacts relatifs aux faits « dont j'ai pu prendre connaissance à bord du *Carlo-Alberto*, à la situation dans « laquelle j'aurais trouvé ce navire, et aux observations que j'aurais recueillies à ce « sujet;

« Voulant éviter que les allégations qui seraient de nature à tromper l'opinion « ne me soient imputées *ou ne s'accréditent par mon silence*; craignant cependant de « ne pouvoir rectifier les errreurs qui tendent à se propager à cet égard, soit parce « que le ministère public ou les accusés ne réclameraient point mon témoignage, soit « que des ordres de services m'éloignassent au moment des débats;

« Dans l'intérêt de la justice, dans celui de la vérité, et pour en assurer la ma- « nifestation en tout ce qui me concerne,

« J'atteste les faits suivans :

« En vertu des ordres de M. le préfet maritime de Toulon, je me suis rendu le « 4 mai, avec le bateau à vapeur *le Nageur* que je commande, à Ajaccio; *le Sphinx* « est parti le même jour que moi de Toulon pour cette destination, ayant le *Carlo-* « *Alberto* à la remorque. Arrivé à Ajaccio, le *Carlo-Alberto* a été confié à la garde « du *Nageur*, et le *Sphinx* est reparti pour France. Pendant l'absence de cedit « navire, j'ai fait travailler, ainsi que l'ordre m'en avait été donné, aux réparations « des chaudières du *Carlo-Alberto*, et moi-même je me suis rendu à ce bord pour « prendre connaissance des dommages.

« J'ai reconnu que les parois intérieures de la chaudière (les surfaces de chauffes)

« étaient fortement bombées, et qu'une d'elles, dans une de ses parties, était crevée « par déchirure et non pas par coupure, comme on l'a prétendu. Les bords de cette « déchirure paraissaient tels, que si on eût pu les rapprocher, ils se seraient bien « convenus; ils étaient évasés de dedans en dehors, et il ne m'a paru manquer au- « cune des parties du métal que le travail d'une lime ou d'un burin eût pu retrancher.

« Il n'y a, selon, moi, que l'effet d'une pression ordinaire et de l'usure de l'ap- « pareil qui ait pu donner lieu à cet accident.

« On ne doit pas supposer, non plus, que la chaudière ait crevé par suite d'une « augmentation de pression inhabituelle obtenue dans ce dessein; les suites en eussent « été trop cruelles pour les chauffeurs, qui n'y auraient certainement pas consenti, « *et trop dangereuses pour le navire même*, dont la destruction totale pouvait égale- « ment en être le résultat. Au reste, sans recourir à des moyens aussi dangereux, « on avait la faculté de paralyser la machine en détruisant une des petites pièces du « mécanisme mouvant; sans être mécanicien, il était facile d'imaginer un pareil « moyen de l'exécuter.

« Il paraît enfin qu'il y avait force majeure de relâcher, puisque le navire ne pos- « sédait plus ni charbon ni vivres, et qu'ainsi le *Carlo-Alberto* était hors d'état de « faire route assez long-temps pour gagner *tout autre port* que l'un de ceux de la « côte de France.

« Telle est l'exacte vérité que je serai toujours prêt à établir, tant en justice que « dehors, et dont j'ai voulu laisser cette déclaration authentique, pour qu'il en puisse « être fait tel usage qu'il appartiendra. »

De laquelle déclaration, que M. Janvier, comparaissant, a certifiée conforme à la vérité, il nous a requis acte, concédé, fait et passé audit Toulon, dans l'étude dudit notaire, en présence de M. Edouard Lajard, lieutenant de vaisseau, chevalier de la légion-d'honneur, domicilié à Toulon, rue Royale, et de M. d'Authier, domicilié aussi à Toulon, même rue Royale, n° 36, intervenus pour attester l'individualité de M. Janvier, comparaissant, qu'ils déclarent bien connaître; et encore en présence de M. César Martin, propriétaire, domicilié en cette ville de Toulon, y demeurant rue Lafayette, et M. Valentin Thoulon, ancien comptable de la marine, domicilié et demeurant en cette ville de Toulon, rue des Chaudronniers, témoins instrumentaires requis et soussignés avec M. Janvier, comparaissant, les attestant certificateurs d'identité et ledit notaire, après lecture faite en présence de tous.

Signés L. Janvier, d'Authier, Lajard, C. Martin, Thoulon; et Thouron, notaire.

Enregistré à Toulon, le 5 juillet 1832, f° 55, ce 2, reçu 2 fr. pour le droit, et 20 c. pour le décime. *Signé* Garaud.

Expédition collationnée sur la minute et délivrée à M. Janvier.

Toulon, le 6 juillet 1832. *Signé* Thouron, notaire.

« Nous, président du tribunal de première instance de Toulon (Var), certifions à tous qu'il appartiendra, que Me Thouron, qui a signé ci-dessus, est tel qu'il se qualie.

« Toulon, le 6 juillet 1832.

« *Signés* Colle, juge suppléant en empêchement du président, et Peissolle, audiencier.

« Collationné par Me Etienne-Adolphe Bouttier et son collègue, notaires à Marseille, soussignés, cejourd'hui 21 août 1832, sur l'expédition en forme de la déclaration ci-dessus copiée, représentée auxdits notaires et par eux à l'instant rendue.

« Arnaud de Fabre. — P. Bouttier. »

« Enregistré à Marseille le 21 août 1832, fo 42, ce 4, reçu 1 fr. en principal, et 10 c. pour décime.

« Nous, Hilarion de Laboulie, chevalier de la légion-d'honneur, président de la chambre des vacations du tribunal de première instance séant à Marseille, certifions véritables les signatures d'autre part de MMe Bouttier et Arnaud de Fabre, notaires en cettedite ville ; en foi de quoi nous avons signé avec le greffier.

« Marseille, le 2 octobre 1832.

« Hilarion de Laboulie. — Adolphe Conte. »

Pièce publiée par le journal ministériel de Marseille du 3 octobre 1832, depuis l'impression du Mémoire.

ARRÊT DE LA CHAMBRE DES MISES EN ACCUSATION DE LA COUR ROYALE D'AIX.

Vu le réquisitoire écrit du procureur-général, en date d'hier, tendant, par fins principales, à ce que la Cour lui donne acte de la plainte qu'il porte contre la duchesse de Berry, comme s'étant rendue coupable de participation à un complot qui a éclaté à Marseille le 30 avril dernier, et, par fins subsidiaires, à ce que là où la Cour se croirait désinvestie, elle évoque de nouveau l'affaire et ordonne que l'instruction soit faite de son autorité, et par tel de messieurs qu'il lui plaira déléguer, conformément aux art. 235 et suivans du code d'instruction criminelle ;

Vu le procès-verbal dressé par le substitut du procureur du roi de Marseille, du 5 de ce mois, constatant la découverte de diverses décorations trouvées à bord du *Carlo-Alberto*, qui ont été remises sur le bureau;

Attendu que la Cour, par son arrêt du 5 août dernier, en renvoyant devant la Cour d'assises des Bouches-du-Rhône les prévenus du complot qui a éclaté le 30 avril au matin à Marseille, s'est par là désinvestie de la procédure qui était soumise à son examen, et ne peut plus, sous aucun rapport, ordonner des poursuites à raison des mêmes faits;

Qu'elle est également désinvestie par le pourvoi du procureur-général et la décision de la Cour de cassation;

Qu'au surplus, la Cour de céans, par arrêt du 26 de ce mois, et sur les conclusions conformes du ministère public, s'est déjà prononcée dans le même sens, à l'égard de de Lucchi, qui réclamait le navire le *Carlo-Alberto*;

Attendu, en outre, *que les faits exposés dans le réquisitoire du procureur-général sont les mêmes que ceux qui ont déjà été appréciés par la Cour* dans son arrêt du 6 août, et qui *ne motivèrent alors, de la part du ministère public, ni poursuites, ni réquisitions, ni réserves ;*

Que, d'ailleurs, *les pièces déposées sur le bureau ne peuvent, en aucune manière, concerner la duchesse de Berry et présenter à son égard des faits nouveaux ;*

Attendu que l'arrêt d'évocation du 7 mai dernier a produit tout son effet par celui rendu le 6 août, et ne laisse plus aucun pouvoir à la chambre d'accusation; qu'au surplus, *les faits présentés aujourd'hui par le ministère public ne sauraient donner lieu à une nouvelle évocation ;*

Par ces motifs :

La Cour déclare n'y avoir lieu à statuer sur le réquisitoire du procureur-général.

Fait à Aix, au palais-de-justice, le 28 septembre 1832; présens, M. le président d'Arlatan-Lauris; MM. les conseillers de Gastaud, Mougin de Roquefort, Beuf et Tassy, qui ont signé.

Signés : D'Arlatan-Lauris, de Gastaud, Mougin de Roquefort, Beuf, Tassy, et Jh. Porte, *greffier-audiencier.*

(Extrait *du Guide National de Marseille.*)

www.ingramcontent.com/pod-product-compliance
Ingram Content Group UK Ltd.
Pitfield, Milton Keynes, MK11 3LW, UK
UKHW031941260826
14628UKWH00004B/1777

9 782014 019247